평범한 일상은
어떻게
글이 되는가

인생이 단단해지는 **사색과 쓰기의 힘**

평범한 일상은 어떻게 글이 되는가

밀알샘 김진수

밥북

일상이 우리가 가진 인생의 전부다

안상헌 작가의 〈생산적 책 읽기 50〉에 창의적 책 읽기 3단계가 나온다.

첫 번째 단계는 많이 읽고 많이 기억하려는 단계,
두 번째 단계는 적게 읽고 많이 생각하는 단계,
세 번째 단계는 적게 읽고 많이 쓰는 단계이다.

지난 10년간 책을 읽었던 삶을 돌이켜보니 나 또한 그 단계를 거쳐 가고 있음을 고백한다. 32살부터 시작된 독서의 삶, 5년 동안 열심히 읽고, 기억하기 위해 책 속의 좋은 내용이 나오면 즉시 기록을 하였고, 어느 순간부터 생각이 차츰 많아지면서 책을 읽다가 잠시 덮어놓고 생각하는 횟수가 많아졌다. 그 생각을 그대로 흘려보내기가 아쉬워 다양한 SNS 도구(블로그, 페이스북, 인스타그램, 에버노트 등)를 활용해 짧은 글부터 긴 글까지(내 기준에 의하면) 글을 쓰는 내 모습을 발견하곤 한다. 논문을 쓰기 싫어 실기로 졸업하는 학과를 선택했던 나로서는 예상치 못한 모습이다. 책 읽기에서 내 단계를 보니 세 번째 단계를 막 들어서 있다. 내 인생에서 불가침영역으로만 여겼던 글쓰기라는 문을 이제

막 열어서 그 세계의 아름다움을 몸소 느끼고 있는 요즘이다.

지난 2017년, 심각한 우울증을 이겨내기 위해 새벽 기상을 실천했다. 많은 사람이 이를 미라클 모닝이라고 부른다. 그 시간 동안 무언가라도 해야 했기에 필사를 하고 그에 대한 내 생각을 쓰기 시작했다. 그렇게 600여 일 연속으로 실천하니 매일 글 쓰는 삶을 살게 되었다. 전문 작가에 비하면 '새 발의 피'일 수도 있겠으나 매일 평균 3개 이상의 글을 쓰면서 깨달은 것이 있다면 '우리는 모두 할 말이 많다'는 것이다.

생각을 바꾸면 말이 바뀌고, 말을 바꾸면 행동이 바뀌고, 행동을 바꾸면 습관이 바뀌고, 습관을 바꾸면 인격이 바뀌고, 인격을 바꾸면 인생이 바뀐다고 하는데 여기에 중요한 것이 한 가지 빠져 있다. 바로 생각이나 말을 글로 표현하는 것이다. 글이란 것은 실천을 동반하기에 행동을 위한 강력한 도구가 된다. 세상에 성공한 사람들이나 위인들이 글쓰기를 생활화하는 데서 이를 쉽게 찾아볼 수 있다.

수많은 독서법 관련 책을 읽고 내 삶과 교실에 적용하여 〈행복한 수업을 위한 독서교육 콘서트〉를 집필하고, 이어서 책과 사람들을 만나면서 성장한 스토리를 담은 〈교사가 성장하면 수업도 성장한다〉를 출간하였다. 이제는 이것을 가능케 한 글쓰기의 삶을 함께 나누려 한다. 만약 독서만 했다면 지금처럼 독자와 이야기를 나누기 어려웠으리라. 생각을 글로 표현하니 이런 행운도 누릴 수 있다. 지난 몇 년간은 주변에 독서를 강조했지만, 이제는 독서를 넘어선 글 쓰는 삶의 축복을 나누고 있다. 우스갯소리로 누군가가 이야기를 한다.

"선생님과 이야기를 하다 보면 기-승-전-글, 쓰는 삶, 책 쓰기로 귀결되네요. 글쓰기에 푹 빠지셨나 봐요."

맞다. 글쓰기다. 글을 쓰면서 무엇보다 '나'를 만났기 때문이다. 하루하루 살면서 내 생각을 만나고, 생각을 꺼내어 글로 표현하니 삶이 풍성해졌다. 주변에서 나를 바라보는 많은 시선 또한 나와 같게 느끼고 있으니 매일 성장하는 삶을 살아간다. 독서만 했을 때와는 전혀 다른 업그레이드된 인생이다. 글 쓰는 삶이라고 거창하지 않다. 일상을 쓴다. 내 일상 속에 글에 대한 소재는 차고 넘친다. 책 속에서 받은 영감, 그림을 보면서, 음악을 들으면서, 영화를 보면서, 사람들과 이야기를 나누면서, 걸어가면서, 자연을 관찰하면서. 이렇듯 다양한 일상 속에서 자기만의 생각을 끌어내어 글로 표현할 뿐이다.

쉽게 생각하자. 일상에 글이 있다. 그것을 꺼내어 쓰기만 하면 된다. 처음에는 한 줄부터 시작해도 좋다. 일단 쓰면 된다. 누군가에게 보이기 위함이 아닌 내 생각에 대한 예의를 갖춰 무의식으로 쓰면 된다. 그렇게 서서히 시작한 다양한 생각들이 꼬리를 물고 이어질 것이다. 그때가 되었을 때 비로소 책 읽기 3단계인 적게 읽고, 많이 쓰는 글쓰기의 생활화가 이뤄진다.

책 속에서 만난 프란츠 카프카의 말 덕분에 이곳까지 올 수 있었다.
"일상이 우리가 가진 인생의 전부다."
나는 여기에 한 가지 명제를 덧붙이고자 한다.
"일상이 우리가 가진 인생의 전부다. 고로 일상을 쓴다."

내 책을 읽고, 한 독자가 아래와 같은 문자를 보냈다. 우리의 글은 그 어느 곳도 아닌 일상에 모두 담겨 있다.

"선생님께서 말씀하신 일상 속에서 글을 쓰니 일상이 다르게 느껴집니다. 감사합니다."

오늘도, 내일도, 평생 일상을 글로 남기고 싶다. 평범한 일상이 글로 표현되는 순간 비범한 일생이 우리를 맞이한다.

– 세상 모든 곳에서 일상을 담고 싶은 이

차례

제2장 찍다, 쓰다

제3장 진짜 교육은 글쓰기로 시작된다

제1장

글쓰기 최고의 도구, 독서

일상의 힘
: 글쟁이가 되는 방법

> 일상적인 것은 힘이 있다. 사람들에게 감동이나 느낌을 주는 것들은 평범한 일상들에서 어떤 핵심적인 요소를 추출하였을 때다. 그래서 좋은 강사들은 이론이나 책에 쓰인 것들을 그대로 이야기하지 않는다. 반드시 우리의 일상생활과 대비하면서 사람들이 쉽게 이론이나 법칙을 이해할 수 있도록 해준다.
>
> – 안상헌 〈생산적 책 읽기 50〉 중에서

일상을 쓰고 있다. 그냥 '○○했고, ○○했다.' 식으로 나열하는 것이 아니다. 일상 속에서 느꼈던 생각들을 끌어내어 글로 적고 있다. 책을 읽다가도 나와 어울리는 글을 만나면 잠시 책장을 덮고 글을 쓴다. 한 권의 책을 읽으면서 어찌나 쓸 말이 많은지 모른다. 저자와의 공통점을 찾으면서 쓰고, 때로는 차이점을 쓰기도 한다. 그렇게 매일 쓰고 있다.

잘 쓰고, 못쓰고를 따지지 않는다. 그냥 쓴다. 그러다 보면 생각지도 못한 생각을 보물처럼 발견하게 된다. 그 보물을 고이 간직하여 모으니 훗날 한 권의 책이 된다. 다시 봐도 놀라운 생각의 꺼냄이다.

글을 쓰다 보니 일상이 다르게 보인다. 예전과 똑같은 일상인데 이제 매일 새로운 일상을 맞이한다. 어제 느꼈던 바람도 오늘과 같지 않다. 햇빛도, 내리는 비도, 사람들의 미소도, 차량 경적 등도 모두 날마다 새롭다. 일신우일신(日新又日新)의 삶이 펼쳐진다. 날마다 새롭고 또 새롭다. 글 쓰는 삶을 살아가길 참으로 잘했다고 생각한다. 이는 무엇과도 바꿀 수 없는 소중한 재산이다. 거창하지 않아도 좋다. 작게 느껴져도 좋다. 완벽하지 않아도 좋다. 어제의 일상들이 모여 오늘의 일상을 맞이하면 된다. 그것이 곧 인생을 만든다.

다음은 내가 주로 하는 글쓰기 방법의 하나인 책과 책의 연결이다.

1. 줄리아 카메론 〈아주 특별한 즐거움〉의 책을 읽다가 '자기 믿음'이란 부분이 나와 잠시 책장을 덮고 책 속의 글귀를 블로그에 가져와서 생각을 꺼내어 글을 쓴다. 쓰다 보니 에머슨이 생각이 났고,
2. 에버노트에서 검색하여 에머슨 글을 찾아내어
3. 두 책 속의 문장을 결합한다.
4. 그러면 두 문장이 새로운 글로 탄생이 된다. 아랫글처럼 말이다.

큰 발전이든 작은 변화이든 그것은 믿음이라는 발판에서 이루어진다.

— 줄리아 카메론 〈아주 특별한 즐거움〉 중에서

제 성장의 밑거름은 첫째도, 둘째도, 셋째도 믿음입니다. 자기 신뢰이지요. 그것은 곧 자존, 자아효능감, 자신감으로 표현되기도 합니다. 독서를 시작한 계기도 100일 동안 나를 책으로부터 신뢰해보자는 의

> 미로 시작했고, 책 쓰기도 마찬가지 내가 경험하고 느꼈던 사소해 보이는 것들 모두 소중하다는 믿음에서 시작이 되었습니다.
>
> 그로 인해 받은 선물은 나를 신뢰하니 다른 이도 신뢰할 수 있는 '믿음'이란 선물입니다. 랠프 월도 에머슨도 자기 신뢰의 중요성을 이야기합니다. 성공의 첫 번째 비밀은 자기 신뢰라는 것입니다. 우리가 이 세상에 나온 것은 조물주에 의한 것이며, 우리에겐 각자만의 특별한 임무가 부여되었다는 것을 믿는 것, 그것이 곧 자기 신뢰하는 것입니다. 창조성의 첫걸음이자 마지막 걸음은 바로 자기 믿음입니다. 자신을 하찮게 여기기보다는 세상 가운데 특별한 임무가 있다는 것을 믿음을 갖고 나아갑시다.

5. 이런 작업을 꾸준히 하다 보면 어떤 주제의 글도 손쉽게 결합할 수 있다. 좋은 문장, 영화, 시, 노래, 과거/현재/미래 경험, 일상에서 일어나는 모든 것들이 글감이 된다. 비문학 작품은 이런 형식의 글들이 많다는 것을 알 수 있다.
6. 결합한 글이 쌓이면 그것을 모아 주제별로 분류하고 편집과정을 거치면 자신의 이름으로 된 책이 출간되기도 한다.

주로 결합하는 형태는 다음과 같다.

하나_ 책 속의 문장과 삶의 결합

둘_ 아이들 작품과 책 속의 문장 결합

셋_ 의미와 삶의 결합

넷_ 육아와 삶의 결합

다섯_ 뉴스 기사와 삶의 결합

여섯_ 영화와 삶의 결합

일곱_ 강의와 삶의 결합

여덟_ 영어와 삶의 결합

아홉_ 교육과 삶의 결합

열_ 아이들의 일상과 삶의 결합

열하나_ 영상과 삶의 결합

열둘_ 노래와 삶의 결합

즉, 주변에서 이뤄지는 모든 일상이 곧 글이 된다. 책을 만나든! 사람을 만나든! 직, 간접적으로 만나는, 모든 것들! 내 생각을 끌어내는 모든 것이 글감이 된다. 그런 글은 생동감이 있어 누군가에게는 위로가 되고, 누군가에게는 희망과 빛이 될 수도 있다. 글이 어떻게 작용할지는 누구도 예상할 수 없지만 한 가지 분명한 것은 글은 남는다는 것이다.

내가 죽어도, 글은 남아서 누군가에게 영향을 미칠 수 있다. 단 한 사람에게라도 좋은 영향이 되는 글을 남긴다면 얼마나 멋질까? 정약용 선생은 18년 동안이나 500여 권의 책을 그런 마음으로 썼다고 하니 그의 모습을 본받아 오늘도 한 편 한 편 글을 적는다.

의심하지 말고 써라

매일 아침 책을 읽으면서 기억하고 싶은 내용이 나오면 펜으로 체크하고 열심히 책 모서리를 접는다. 위에 내용이 있으면 위를 접고, 아래 내용이 있으면 아래를 접는다. 단순한 기억을 넘어 그와 관련된 글을 쓰고 싶은 욕구가 생기면 절반을 접는다. 쓰고 싶은 말이 떠오름과 동시에 블로그에 내용을 가져와서 즉시 글을 쓴다. 책에 있는 글과 내 생각의 결합이 내 머릿속에서 유기적으로 일어난다.

예전에 봤던 만화 속에서도, 넘어졌던 경험 속에서도, 실수했던, 잘했던, 들었던, 보았던 경험 등이 책 속에 있는 글과 연계가 되니 세상에서 하나뿐인 나만의 글이 된다. 누군가는 이 글을 보고 공감하면서 댓글도 달아주니 온라인 하브루타[1]가 된다. 서로 질문도 하고 답변도 하면서 생각을 다시 정리해나간다. 처음에는 그저 내 생각을 정리하기 위해 했던 방법의 하나였지만 정약용의 〈유배지에서 보낸 편지〉를 읽으면서 확신하게 되었다. 이 방법 참으로 좋다고.

1 두 명이 짝을 지어 서로 질문·대화·토론·논쟁하며 진리를 찾는 교육 방법. 유대인의 전통적인 교육 방법이다.

남의 저서에서 도움이 될 만한 요점을 추려내어 책을 만들 때는 우선 자기 자신의 학문에 주견이 뚜렷해야 판단 기준이 마음에 세워져 취사선택하는 일이 쉬울 것이다.

학문의 요령에 대해서는 전번에 대강 이야기했는데 너희는 벌써 잊어버린 모양이구나. 그렇지 않고서야 왜 남의 저서에서 요점을 뽑아내어 책을 만드는 방법에 대해 의심나는 것이 있다고 다시 똑같은 질문을 했느냐?

무릇 책 한 권을 볼 때 오직 나의 학문에 도움이 될 만한 것이 있으면 추려 쓰고, 그렇지 않다면 하나도 눈여겨볼 필요가 없는 것이니 백 권 분량의 책일지라도 열흘 정도의 공을 들이면 되는 것이다.

– 정약용

나는 위와 같은 방법으로 매일 글을 쓰는 글쟁이가 되었다. 1장에서는 책과 삶이 하나가 되게 하는 글쓰기의 최고의 도구인 '독서'를 어떻게 활용하는지 보여준다. 다양한 저서가 어떻게 삶으로 녹아들어 나만의 글로 재탄생하는지 그 느낌을 발견하길 바란다. 발명이 아니다. 발견이다. 지금 읽고 있는 책에서 좋은 문장을 만나면 잠시 책을 덮고 글을 써보자. 일정한 시간을 거쳐서 반복 숙달하면 나와 전혀 어울리지 않는다 생각했던 글쓰기에서 나의 인생과 함께하는 글쓰기가 될 것이다.

줄리아 카메론 〈아티스트 웨이〉, 김병완 〈48분 기적의 독서법〉, 이지성 〈리딩으로 리드하라〉, 권영식 〈다산의 독서전략〉, 제임스 클리어 〈아주 작은 습관의 힘〉, 사이쇼 히로시 〈아침형 인간〉, 오히라 미쓰요 〈그러니까 당신도 살아〉, 허승환 〈허쌤의 참여 수업 1〉, 김민식 〈매일 아침 써봤니?〉, 방민철 〈오늘〉, 하우석 〈내 인생 5년 후〉 등의 저서를 읽으면서 나만의 문장을 뽑아 글을 써본다.

1권의 책에서 1편의 글만 써도 당신의 평범한 일상은 글과 하나 되는 놀라운 경험을 할 것이다. 정약용이 말하지 않는가. 의심하지 말고 써라.

창조성을 되살리는 첫 번째 도구 : 모닝 페이지

> 아침에 쓴 화가 나거나 우습고 사소한 모든 내용이 당신과 당신의 창조성 사이에 있다. 일에 대한 걱정, 빨랫감, 자동차 엔진의 노킹 소리, 연인의 뜻 모를 눈빛 등 우리의 잠재의식 속에서 소용돌이치면서 일상을 혼란스럽게 하는 것들을 모닝 페이지에 써라. 모닝 페이지는 창조성을 되살리는 첫 번째 도구이다.
>
> – 줄리아 카메론 〈아주 특별한 즐거움〉 중에서

글쓰기 통찰력이 탁월한 송숙희 작가의 〈당신의 책을 가져라〉를 읽었다. 그 속에 책을 쓰기 전 꼭 읽어야 할 몇 권의 도서들이 제시되었다. 그중에 소개된 줄리아 카메론의 저서 〈아주 특별한 즐거움〉에서 자기 내면에 갇혀있는 창조적인 힘이 마음껏 움직이도록 의식 속에 길을 터주어야 한다고 주장한다. 그것을 가능케 하는 방법은 매일 '모닝 페이지'를 작성하는 것이라고 설명하는데 방법은 어렵지 않다.

1. 아침에 일어나면 일과를 시작하기 전에 의식에 떠오르는 일들을 3쪽 정도 적는 것

2. 특별한 생각을 하지 않고 그냥 의식의 흐름을 따르는 기록할 것
3. 중요한 것은 매일 모닝 페이지를 쓰는 것을 잊지 말 것

짜릿한 문구를 만나면 체크(✓)를 하고 책의 빈 곳에 생각나는 키워드를 메모한다. 생각 키워드의 흐름을 연계하여 아래와 같이 글을 쓴다.

너무나 좋은 문장을 만났습니다. 무엇보다 제가 하는 작은 행위에 관련된 문장을 만나면 얼마나 짜릿한 기쁨을 느끼는지 모릅니다. 그만큼 헛된 행위가 아니라는 방증이기에 더 추진력을 갖고 나갈 힘을 얻는 강력한 방법의 하나입니다. 줄리아 카메론이 말하는 '모닝 페이지' 작성!

'이것이 뭐가 그리 내 인생에 크게 작용하겠어?'라고 반문할 수 있겠지만, 연속적으로 600여 일 해본 저로서는 적극적으로 권장하는 방법의 하나가 되었습니다. 저 역시 매일 일어나면 하는 첫 번째 행위가 바로 모닝 페이지 글쓰기, 미라클 모닝 필사거든요! 해보지 않고서는 이 말을 믿지 않을 것입니다. 그런데 이 맛을 아는 사람들은 하나같이 이야기를 하고 있습니다. 일과를 시작하기 전 당신의 글을 써라. 그럼 인생이 바뀔 것이다.

"도대체 새벽에 일어나 무엇을 쓴다는 말이에요? 저는 할 말이 없어요. 그냥 잠이나 좀 더 자는 것이 건강에 유익할 것 같아요."

이런 생각을 하는 분들도 있을 것이다. 하지만 쓸 말이 있어서 쓰는 것이 아니다. 일단 잠에서 일어나 세수한 뒤 글을 쓰기 위해 컴퓨터 앞에 앉아 자판을 두드리기 시작하면 무의식적으로 글이 나온다. 〈책 쓰기 혁명〉의 저자 김병완의 말을 빌리자면 생각하면서 글을 쓰는 것보다

의식하지 않고, 심하게 과장해서 말한다면 무의식상태에서 글을 쓸 때 더 많은 글을 잘 쓰게 된다고 이야기한다. 내가 말하고 싶은 것이 바로 그것이다.

무의식에서 나오는 모닝 페이지의 위력. 글 하나하나가 쌓이다 보면 알게 된다. 내 안에도 이렇게 많은 것들이 있었음을. 그때부터 글을 쓰는 이 시간이 참으로 귀하고 소중하게 다가온다. 그때 알게 될 것이다. 모닝 페이지가 육체적으로 정신적으로 건강한 하루를 사는 데 얼마나 큰 힘이 되는지 말이다. 때로는 자신이 쓴 글이 무가치하게 느껴질 때도 있다. 하지만 이렇게 생각하면 다르다. 나와 똑같은 경험을 이렇게 글로 나타낸 사람은 세상에 자신뿐이라고. 자신의 이야기를 자신이 쓰지 않으면 누가 쓰겠는가? 자신이 쓴 글은 세상에 하나뿐인 나의 창조물이 된다. 대문호의 글과 비교하기보다는 한 줄의 글귀가 나를 통해 탄생한 그 순간에 가치를 부여하면 된다. 나는 이런 간단한 사실을 30대 중반이 되어서야 깨달았다. 매일 아침 글을 쓰면서 글에 대한 소중함을 알게 된 것이다.

자존감이 높아지고 삶 속에 강한 긍정에너지가 샘솟으면 삶의 활력을 느낄 수 있다. 살아오면서 자신감이 생기는 순간이 있었던가! 매사 누군가의 지시와 강요 때문에 타인의 목소리에 발맞춰 살아온 사람들은 알 수 없는 자신감 말이다. 나 역시 사회적 테두리 안에서 살다 글을 쓰면서 처음으로 자신의 목소리를 가지게 되었다.

글은 곧 자존감이다. 글을 쓰면서 내 자존감이 높아진다. 그런 글들이 조금씩 쌓이니 살아갈 맛이 난다. 세종대왕이 고기는 씹을수록 맛이 나고, 책도 읽을수록 맛이 난다고 하였듯 글맛도 그렇다. 써본 사람만이 아는 신세계다. 처음부터 맛을 느끼기는 어렵다. 이것저것 양념도 넣어보고, 조미료도 넣어보면서 글맛을 음미하게 된다. 맛있다고 느끼는 순간 그때 비로소 문리를 터득하는 순간이다. 매일 꾸준히 모닝 페이지의 힘을 믿고 써보라. 그 맛을 느끼게 된다.

어느 날 한 책의 표지를 보았다. 표지에는 이런 글이 적혀있었다. '잘나가는 대기업 출신인 내가 사업 실패로 모든 것을 잃고, 전과자, 파산자가 되어서도 살아갈 수 있었던 이유는 오직 글쓰기 때문이었다. 아직도 글쓰기를 시작하지 않은 당신이라면 지금 당장 시작하라.'

책이 나를 부르는 순간. 그런 책은 만사를 제쳐 두고 책을 읽는다. 무일푼 막노동꾼이 글쟁이가 된 이은대 작가의 〈내가 글을 쓰는 이유〉이다. 그는 이렇게 고백한다. 글쓰기를 접한 후부터 자신을 바라보는 눈이 달라졌다고. 다시 일어설 수 있다는 희망을 품게 되었다고 자신을 자랑스럽게 느낀다고 하였다. 핵심은 글 몇 편 쓴 것이 중요한 것이 아닌 세상을 바라보는 시각이 달라졌다는 것에 있다.

내가 경험한 모닝 페이지도 이와 같았다. 매일 새벽에 일어나 한두 시간 글을 쓰고 학교에 출근하니 풍성한 마음이 그대로 교실에 투영된다. 교사의 마음이 평온하니 아이들의 마음도 덩달아 평온해진다. 작은 실수에 민감하게 반응하지 않고 기다려 줄 수 있는 넉넉함이 있으니 우리 반에서 실수가 일어나도 문제가 되지 않고 이를 쉽게 극복할 수 있어 매우 기쁘다. 이 모든 것을 가능케 한 힘은 바로 글쓰기, 모닝 페이지 결과이다.

또 한 권 책을 본다. 이분도 매일 아침 글을 한 편씩 쓰면서 삶의 주인은 바로 자신이라는 것을 되새겼다. 그의 루틴은 아침에 일어나 가장 먼저 하고 싶은 글을 쓰는 것이다. 글을 잘 쓰는 것이 아닌 '그냥' 쓴다. 글을 쓰고 시작하는 하루를 능동태 라이프라고 표현하는 김민식 PD. 그의 저서 〈매일 아침 써봤니?〉이다. 이 도서는 '나는 하루하루를 즐겁게 시작하는 멋진 사람이야!'라는 자신감을 느끼게 해준 소중한 저서이다. 위 저자는 확신에 찬 어조로 이야기한다.

"저는 비범한 삶을 꿈꾸기보다 비범한 기록을 꿈꿉니다."

멋진 표현 아닌가. 글의 맛을 느낀 사람만이 표현할 수 있는 최고의 문장이다. 나 역시 그런 삶을 꿈꾸기 때문에 그를 따라 한다. 매일 아침 일어나 자신에게 최고의 선물인 글쓰기를 선물한다. 그렇게 김민식 작가처럼 비범한 기록쟁이를 꿈꾸고 있다. 매일 아침 미라클 모닝 필사 글을 쓰면서 처음에는 반신반의했던 것이 지금은 확신한다. 이 작은 행위가 1년 후, 5년 후, 10년 후 자신의 삶에 많은 도움을 주리라는 것을…. 오늘도, 내일도, 앞으로도 모닝 페이지 작성하는 하루를 맞이하고 싶다.

우리나라는 특히 쓰기에 약한 교육을 하고 있다. 수동적으로 지식만 흡수하는 연습만 해왔기에 능동적인 글쓰기가 힘들다. 10년~20년 동안 고등교육을 받았음에도 글쓰기를 어려워하고, 자발적으로 글을 쓰지 않는 것이 그런 교육 현실을 방증하는 것이라 여긴다. 나 역시 그런 사고의 틀에 37년간 속박됐었다. '내가 무슨 글을 써?', '글은 아무나 쓰는 것이 아니야.' 이제라도 이런 생각을 벗어던지게 된 것이 얼마나 감사한지 모른다. 수많은 책을 낸 사람들을 따라가 보면 새벽 단상, 아침편지, 미라클 라이팅, 모닝 페이지 등 표현만 달리했지 거의 비슷하게 이야기하는 것을 볼 수 있었다. 그들이 하나같이 이야기하는 것, 이것이 아닐까?

"일어나면 무조건 써라!"

지난여름, 특별한 분들을 만날 수가 있었다. 선생님을 가르치는 선생님인 〈선생님 걱정 말아요〉의 저자인 김성효 선생님(현, 전라북도 교육청 장학사)이 운영하는 성효샘 예작 2기(예비작가 모임)에서 책 쓰기 특강을 할 수 있었다. 나의 교육관에 큰 영향을 준 선생님께서 초대해준 곳에서, 특별한 분들과 함께할 수 있는 소중한 시간이었다. 초대를 받고 이곳에서 '내가 무엇을 나눠드릴 수 있을까?'란 생각을 줄곧 해왔다.

내가 자신 있게 나눌 수 있는 것이 있다면 그저 독서와 기록, 글쓰기, 책 쓰기로 인해 변화된 내 삶이 전부였다. 다양한 글쓰기 기술과 기법들이 있었지만, 무엇보다 내 삶에 강력했던 것은 바로 '미라클 모닝 필사'였기에! 2017년 3월부터 시작된 미라클 모닝 필사의 글 덕분에 나는 극심한 우울증을 탈출하고 이렇게 글을 쓰고 있다. 모닝 페이지 이야기를 하다 보니 또다시 내 심장이 뛴다. '그렇지! 나를 살린 것은 새벽 글쓰기였지. 어느덧 기록하기 바쁘다는 이유로, 다른 것을 한다는 이유로 멀리했던 새벽 글쓰기를 다시 해야겠다.'

줄리아 카메론은 같은 저서에서 이렇게 이야기를 한다.
"모닝 페이지는 삶의 변화를 혁신적으로 이끌 것이다."

새벽 글쓰기와 친해진 나도 똑같은 이야기를 반복하고 싶다.
"새벽에 쓰는 글은 당신의 인생을 혁신적으로 변화시켜 줄 것이다."

알·쓸·신·잡으로 푸는 공자에 대한 오해

학이시습지 불역열호(學而時習之 不亦說乎)

배우고 때때로 그것을 익히면 기쁘지 않겠는가?

학창 시절 도덕, 윤리 책에서나 나올 법한 당연한 이야기는 정말 듣기 싫었다. 너무나 뻔한 이야기들이었기에. 〈논어〉를 37세가 되어서야 읽게 되었다. 수많은 저서에서 공자에 관하여 이야기를 했건만 나는 한 귀로 듣고 한 귀로 흘린 사람이었다. 읽지 않았던 이유는 단 하나였다. 읽지 않아도 되었기 때문에…. 읽지 않아도 그냥저냥 잘 살았기 때문이다. 이후 다시는 그런 생각을 하지 않도록 하나의 다짐을 두었다. '당연함이 만연할수록 내 인생은 당연하게 그렇고 그런 길로 간다.'

지난 37년 동안 4대 성인 중 하나인 공자가 2,500년 전 하늘의 선택을 받아서 세상의 이치를 깨닫고 그것을 가르치기 위해 〈논어〉를 펴낸 것으로만 알고 있었는데 그를 알면 알수록 우리와 다름없는 인간이었다는 사실을 알게 되었다. 공자를 알수록 글쓰기에 큰 도움이 되기에 독자들을 위해 나는 공자를 '알·쓸·신·잡'(알아두면 쓸데없는 신비한 잡학 사전)으로 풀어본다.

알= **앎**의 즐거움, 배움의 즐거움, 옛것을 향한 열정

쓸= 적극적인 **쓸** 것(실천)으로 승화

신= '인'에 대한 믿음(**신**)

잡= **잡**다한 일상 속의 이치를 깨달음

하나. [알= 앎의 즐거움, 배움의 즐거움, 옛것을 향한 열정]

공자는 처음부터 세상의 이치를 깨달은 자라고 주장하기보다는 옛것을 부단히 탐구하고 노력하고 배우기를 힘쓴 사람이었다. 그의 말을 살펴본다.

"나는 태어나면서부터 세상의 도리를 안 사람이 아니라, 옛것을 좋아하여 부지런히 그것을 추구한 사람이다."

"옛 성현의 가르침과 행적을 따르지 않으면, 역시 높은 경지에는 들어갈 수 없다."

"성인과 인인(仁人)[2]이야 내가 어찌 감히 되겠다고 할 수 있겠느냐? 하지만 성인과 인인의 도리를 배우고 본받는 데 싫증 내지 않고, 이를 다른 사람에게 가르치는 데 게을리하지 않는다고는 말할 수 있다."

옛것과 옛 성현의 가르침과 행적을 독서로 치환해 본다. 공자가 독서

2 인자(仁者): 마음이 어진 사람.

에 푹 빠져서 책들을 부지런히 탐독했을 것이라는 게 쉽게 상상이 된다. 또한, 공자는 배우고 본받는데 싫증을 내기보다는 부지런히 그것을 탐구할 것을 이야기한다. 이것은 머리로는 이해하더라도 실천하기는 쉽지 않은 말임이 분명하다. 하지만 공자는 그것을 생활에서 실천을 한 자였고, 이를 제자들이 보면서 3천 명이나 되는 제자들도 그의 삶을 서서히 본받기 시작한다.

1. 인을 좋아하되 배우기를 좋아하지 않으면, 그 폐단은 어리석게 되는 것이다.
2. 지혜로움을 좋아하되 배우기를 좋아하지 않으면, 그 폐단은 분수를 모르게 되는 것이다.
3. 신의를 좋아하되 배우기를 좋아하지 않으면, 그 폐단은 남을 해치게 되는 것이다.
4. 곧은 것을 좋아하되 배우기를 좋아하지 않으면, 그 폐단은 박절하게 되는 것이다.
5. 용기를 좋아하되 배우기를 좋아하지 않으면, 그 폐단은 질서를 어지럽히게 되는 것이다.
6. 굳센 것을 좋아하되 배우기를 좋아하지 않으면, 그 폐단은 좌충우돌하게 되는 것이다.

배우기를 좋아하지 않으면 모든 것들은 다 물거품이 된다. 우리나라의 학생들은 수능을 마치면 배움이 모두 끝난 것처럼 행동한다. 수능

종료와 동시에 공부하던 습관은 사라지고 대학생이 되면 술과 쾌락에 온몸을 맡겨버린다. 부모님의 시선에서 벗어나려 하며 책과 배움은 더욱 멀어지게 되는 덫에 걸려 진정한 자아를 인지하지 못한 채 살아간다. 이런 우리에게 공자는 6가지 폐단에 관해 이야기하고 있다.

우리 사회가 갈수록 힘든 이유, 교육이 힘든 이유, 살기가 더욱더 팍팍한 이유, 다람쥐 쳇바퀴처럼 의미 없이 살아가는 이유 등이 바로 이 배우기를 좋아하지 않는 성향에 있다. “옛날에 공부한 사람들은 자신의 수양을 위해서 했는데, 요즘 공부하는 사람들은 남에게 인정받기 위해서 한다.” 자신의 수양을 위해서 배우기를 더욱 힘써야 한다. 승진만을 위한, 남에게 보여주기식만을 위한, 명예만을 위한 가짜 공부를 이제 버리고 진정한 자기계발을 위한 진짜 공부를 통해 자신을 더욱 발견하고 부지런히 힘써야 한다.

정약용은 이를 아는 사람이었다. 공자처럼 부지런히 탐구하고 옛 성현들의 지혜를 배우고 본받았기 때문에 지금의 정약용 될 수 있었던 것임을 나는 뒤늦게 깨달았다. 공자는 배움을 즐기는 자였고, 이를 잘 실천함으로써 후세 사람들에게도 이것을 제일 먼저 강조한 것이 아니었을까? 〈논어〉의 첫 구절이 배움의 즐거움으로 시작되는 것은 어찌 보면 우연이 아닐 것이다.

“배우고 때때로 그것을 익히면 또한 기쁘지 않은가?”

둘. [쓸= 적극적인 쓸 것(실천)으로 승화]

> **자공:** 한마디 말로 평생토록 실천할 만한 것이 있습니까?
> **공자:** 그것은 서(恕)로다! 자기가 원하지 않는 것을 남에게 하지 않는 것이다.

위대한 성인들은 다른 사람들에게 이래라저래라 설파하기보다는 삶 속에서 실천으로 보여준다. 남에게 대접받고자 하는 대로 대접하라는 황금률을 공자 또한 철저하게 지켰기 때문에 성인의 반열에 오를 수 있었다.

"올바른 말로 일러주는 것을 따르지 않을 수 있겠는가? 그러나 중요한 것은 실제로 잘못을 고치는 것이다. 은근하게 타이르는 말에 기뻐하지 않을 수 있겠는가? 중요한 것은 그 참뜻을 찾아 실천하는 것이다. 기뻐하기만 하고 참뜻을 궁구하지 않거나, 따르기만 하고 실제로 잘못을 고치지 않는다면, 나도 그런 사람은 끝내 어찌할 수 없다."

공자는 이렇게 말하며 몇 번의 기회를 준다. 하지만 올바른 말로 일러줬음에도 불구하고 이를 생활 속에서 적극적으로 실천하지 않으면 그런 사람은 끝내 어찌할 수 없다고 이야기를 한다. 외면한다는 이야기인데 나는 이 구절을 읽으면서 외면당하지 않겠다고 다짐을 하게 되었다. 그래서 책을 읽고 하나라도 더욱 실천하기 위해 실천 목록을 꾸준히 작성하고 있다. 실천한 것보다 못한 것이 많지만, 그렇기에 더욱 부지런히 실천해가고 있다. 안연이 크게 탄식하며 말하였다.

"우러러볼수록 더욱더 높고, 파고 들어갈수록 더욱 견고하며, 바라보면 앞에 계신 듯하다가 어느새 뒤에 와계신다. 선생님께서는 차근차근 사람들을 잘 이끌어주시어서, 학문으로 우리를 넓혀 주시고, 예의로써 우리를 단속해 주신다. 그만두고 싶어도 그만둘 수 없으니, 이미 나의 재주를 다 하여도, 선생님께서 세워놓으신 가르침은 우뚝 서 있는 듯하다. 비록 그것을 따르고자 해도 따라갈 수가 없구나."

바로 옆에서 공자를 지켜봤던 제자 안연의 고백을 통해 공자의 위대한 실천력을 볼 수 있다. 지금 이 시각도 부단히 그를 더욱 본받아 본다. 공자의 위대함은 생활 속에서 적극적으로 실천하는 것에서 나왔다.

셋. [신= '인'에 대한 믿음(신)]

> 인이 멀리 있는가? 내가 인을 실천하고자 하면, 곧 인은 다가온다.
>
> – 공자

그가 말하는 '인(仁)'이란 무엇인가. 글자를 보면 사람(人)과 둘(二)의 글자가 모여서 이룬 것이다. 글자에서도 알 수 있듯이 둘 이상 사람과의 관계와 밀접한 관련이 있는 것이 바로 '인'이다. 공자는 인에 대해서 타인을 사랑하는 것이라 말한다. 인이란 것은 타인을 향한 사랑의 정신을 말한다. 나는 그동안 세상을 탓하고, 사회를 탓하며, 가정을 탓하고만 살았다. 자신이 변화하기보다는 환경을 탓하면서 지내기 일쑤였다. 그런 나에게 공자는 일침을 가한다.

"너부터 잘해라!"

공자가 강조한 '인'의 어짊은 가까이에 있음을 알게 되었다. 공자도 미워하는 것이 있었다. 우리가 통상 생활 속에서 나쁜 점 떠들어 대는 것, 윗사람 헐뜯는 것, 예의가 없는 것, 소통이 아닌 꽉 막힌 것 등이다. 이와 반대로만 살면 공자가 말하는 '인'에 접근할 수 있다. 좋은 점을 이야기하고, 윗사람, 아랫사람 모두 존중해주며, 예의를 갖추고, 진정한 소통을 하는 자! 이를 반드시 자신의 것으로 잡는 것이 중요하다.

천하에서 다섯 가지를 실천할 수 있으면 그것이 인이다. 공손함, 너그러움, 미더움, 민첩함, 은혜로움이다. 공손하면 업신여김을 받지 않고, 너그러우면 많은 사람의 마음을 얻으며, 미더우면 사람들이 신임하게 되고, 민첩하면 공이 있게 되고, 은혜로우면 사람들을 부릴 수 있게 된다. 공손함, 너그러움, 미더움, 민첩함, 은혜로움 이 다섯 가지를 꾸준히 실천하면 그것이 인이라고 한다. 생활 속에서 이를 실천하면 공자는 이렇게 이야기할 것이다.

"당신이 바로 '인'한 자로다!"

넷. [잡= 잡다한 일상 속의 이치를 깨달음]

나의 공자에 대한 고정관념은 이 문장으로 완전히 깨지게 되었다. 자공과의 대화를 보자.

공자: 나를 알아주는 사람이 없구나!
자공: 어찌 선생님을 몰라주겠습니까?
공자: 하늘을 원망하지 않고, 다른 사람을 탓하지 않는다. 일상적인 일들을 배워서 심오한 이치에까지 도달하였으니, 나를 알아주는 것은 저 하늘이로다!

이 구절에서 강력히 다가온 단어는 일상이었다. 공자는 일상에서 심오한 이치에 도달하였다고 고백한다. 나 역시 삶을 죽음까지 몰고 갈 수 있는 우울증을 하루하루의 소중함으로 이겨내며 고정관념을 무너뜨릴 수 있었다. 이로 인해 일상의 감사함을 느끼기 시작한 것이다.

수년간 막혀있던 눈물샘이 터지게 되었고, 그 뒤 나는 완전히 다른 사람이 되었다. 꾸준한 '독서–기록–사색–글쓰기'의 반복이 나의 삶을 악순환에서 선순환으로 만들어 제2의 삶을 살도록 문을 열어준 것이다.

책을 읽다 보니 책 속에 수많은 일상이 가득했다. 저자가 일상에서 발견한 수많은 것들. 이를 언제부턴가 내 삶 곳곳에서 발견하게 되었다. 내 삶의 헛된 것이 아무것도 없음을 알게 된 순간 뜨거운 감사의 눈물이 흐르고 있었고 이후 일상을 블로그에 기록하기 시작했다. 성경에서 모세가 홍해를 가르는 기적과도 같은 감각을 직접 느낄 수 있었다. 더 나은 표현을 찾을 수가 없다. 일상을 발견하니, 우리 반 아이들의 일상도 발견하게 되었다. 무슨 뜻인가 하면 교실이 바뀌었다는 의미다. 30명의 아이와 일상이 살아 숨 쉬는 공간에서 함께하니 우리는 날마다 함께 성장한다.

공자가 발견한 일상 안에는 앞서 말한 3가지(알·쓸·신)가 모두 들어있다. 배움의 즐거움, 생활 속 실천, 진정한 '인'의 세계 등 일상으로 시작해서 일상 속에서 완성되는 것이 <논어>다. 나는 그런 공자의 가르침이 실천되기를 원한다. 그것이 곧 알아두면 쓸데없는 신비한 잡학 사전이 아닌 [알아두면 쓸 데 있는 신비한 잡학 사전]임을 알기 때문이다. 진정한 '알·쓸·신·잡'의 삶을 응원한다.

평범함을 넘어선 위대함
: 독서

누군가가 당신에게 위대한 영웅이 되는 비법을 알려준다면 당신은 어떻게 할 것인가? 만약 조언자가 신뢰할 수 있는 인물이라면 귀를 쫑긋 새울 것이고, 그렇지 않다면 한 귀로 듣고 한 귀로 흘릴 것이다. 그 조언자가 소크라테스라면, 플라톤이라면, 아리스토텔레스라면 어떠한가? 소크라테스, 플라톤, 아리스토텔레스, 프톨레마이오스 등 수많은 위인이 한목소리로 이렇게 말한다. '평범한 사람이 위대한 영웅으로 거듭나기 위한 비법이 있는데 그것을 밝혀 준다. 그것은 바로 독서다.'

2019년 국민독서실태조사에서 성인기준 연평균 읽는 권수가 종이책은 6.1권이고, 전자책과 오디오북을 합쳐도 7.5권에 불과하다. 심지어 10명 중 4명은 한 달에 한 권도 채 읽지 않고 있다는 것이 수치상으로 나타난다. 나 역시 이런 수치를 하락시키는 데 일조를 했기에…, 독서의 힘을 잘 모르고 살아왔기에…, 독서를 잘하는 뇌는 타고난다고 여겨왔던 나였기에…, 독서를 하려고 해보지도 않았고, '시간이 없다, 난 관심 없다.'는 합리화를 통해 책을 멀리해왔었다.

하지만 32살 〈독서천재가 된 홍 대리〉라는 책을 읽고 우연히 시작된 '100일 동안 33권 읽기 프로젝트'를 통해 독서에 조금씩 호의를 갖기 시작했고, 독서가 점점 궁금해져서 독서법 관련 저서를 다수 섭렵하다 보니 독서가 사람을 변화시킬 수 있는 강력한 도구가 될 수 있음을 알게 되었다. 그래서 만나는 사람마다 이 방법을 전하는데, 주변에 이를 통해 변화된 사람들이 속속 나오니 독서는 강력한 변화의 도구임을 실감하는 중이다. 어느 날 함께 대학생활을 즐겨왔던 한 친구가 자신의 블로그에 남겨놓은 고백이 깊이 다가온다.

"20년 동안 일 년에 책 한 권 읽지 않았던 나에게 기적 같이 일어난 이 변화는 정말 신께서 주신 마지막 기회이었는지도 모르겠다. 기적은 신만이 허락할 수 있는 줄 알았지. 스스로 만들 수 있다는 걸 깨닫고 있다."

어느 순간부터 이 친구의 일상이 독서와 글쓰기로 가득 차 있었다. 서서히 독서에 관한 내공을 쌓더니 결국 세상에 자신의 삶을 담은 〈내 이름은 권좌실〉이란 책을 출간했다. 친구의 출간기념회가 열렸을 때 한 걸음에 달려가 축하해줬다. 독서와 글쓰기로 삶을 꾸미고 있는 진정한 동지를 얻은 느낌에 내가 더 기뻤다.

다른 한 분을 소개한다. 독서 모임을 함께하는 선생님이다. 처음 만났을 때와는 달리 책으로 많은 변화를 경험하고 있다.

"독서를 시작하며 내 인생이 변화하기 시작했습니다. 그 기록을 시작해 가려 합니다."

라고 자신을 소개하며 가슴 벅찬 표정으로 독서를 통해 기적의 삶을 맞이하고 있다고 발표했다. 이 느낌도 부족했는지 함께 공유하는 밴드에 일요일 새벽 6시 이런 글도 올렸다. 정말 기적의 삶을 살아가는 분이다.

"책 읽기의 기적 공유해요. 자랑도 하고 싶고 공유도 하고 싶어서요. 남편도 책을 좋아하기 시작했고 기록도 했으면 하는 바람에서 꿈 노트를 선물하려 하자 선뜻 감사일기를 써보겠다고 하네요. 책과는 거의 담을 쌓던 사람이라 이러한 변화가 너무 기적적이고 마음이 벅차오릅니다. 제가 책을 읽은 후 남편과의 관계 변화예요."

1. 제가 밝아지고 긍정적이고 안정적으로 되니 남편도 저에게 안정적으로 다가왔어요.
2. 제가 더 다가가고 애정표현을 하니 처음엔 어색해하다가 지금은 관계가 더 좋아졌어요.
3. 제가 옆에서 책 읽고 나서의 변화가 좋다고 하니 같이 책을 읽기 시작했어요. 목표는 한 달 4권인데 자꾸 속도가 붙는 것 같아요.
4. 하우석 작가의 책을 2권째 읽는 데 느낀 바가 있는지 감사일기를 쓰겠다고 해요.

"독서는 역시 위대합니다. 오늘도 즐거운 하루 보내세요."

독서가 주는 힘을 깨닫기만 한다면 그 뒤의 삶은 책과 함께하게 된다. 다양한 독서법 관련 책을 읽다 보니 독서로 변화된 수많은 성공자,

위인들을 알게 되었다. 귀족들만의 전유물이었던 비법이 바로 독서이다. 이제 그 비법을 손에 넣었으니 끝까지 도전해보고 싶어진다.

책 속의 있는 비밀을 통해 내 안의 영웅을 발견할 것이다.

이 책을 읽는 당신도 독서와 친해지길 바란다.

천재들의 독서 사랑

독서 관련 책을 읽다 놀라운 사실을 하나 발견하였다. 그것은 위인들은 어떠한 상황 속에도 책을 손에서 놓지 않았다는 것이다. 나폴레옹이 전쟁 때에도 따로 사서 부대를 운영할 정도로 독서광이었다는 사실을 알게 되었을 때는 충격을 받았다.

독서는 취미 중 하나라고 생각하고 있었지만, 위인들에게는 생존수단이었다. 이를 몰랐기 때문에 (생존 독서라는 표현을 싫어하는 사람들이 있으나, 나에게만큼은 독서가 생존과 어울려서 즐겨 사용한다) 독서는 삶의 우선순위에서 철저하게 밀렸던 것이었다. 늘 바쁘다는 핑계(정말 열심히 살았기에!)로 위안 삼으며 책과 철저히 멀게 지냈다.

독서는 이제 삶의 지표가 되어 하루의 시작과 끝을 함께하고 있다. 바쁜 와중에서도 틈만 나면 책을 펼쳐 들고 한 페이지라도 읽기 위해 기를 쓰고 매달리는 중이다. 책을 읽는데 시간을 투자하는 것이 업무에 지장이 있기는커녕 오히려 활력적인 삶을 제공한다. 나는 에디슨의 말인 '변명 중에서도 가장 어리석고 못난 변명은 시간이 없다는 변명이다.'를 접하고 나서 시간이 없다는 변명과 멀리하기 시작했다. 어떻게든 조금이라도 책을 읽으려 하니 진짜 적은 자투리 시간도 가치 있게 활용된다. 그렇기에 가르치는 아이들에게 이렇게 말한다.

"나중에 시간 나면 책 읽어야겠다고 다짐하는 사람들은 시간이 나도 책을 읽지 않을 가능성이 큽니다. 오히려 시간 없을 때 한자라도 보기 위해 노력해보세요. 하늘이 그 노력에 감동하여 여러분에게 참 지혜를 선물해줄 것이라고 선생님은 확신합니다. 에디슨의 말을 가슴 깊이 새겨 시간에 대해 변명을 하기보다는 시간을 효율적으로 지배하는 삶을 살아보세요. 책과 노니는 여러분의 삶을 뜨겁게 응원합니다."

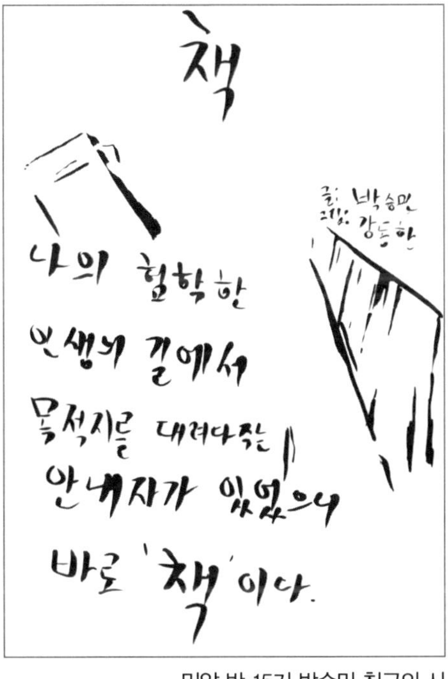

밀알 반 15기 박승민 친구의 시

앞서 언급한 천재들의 삶에 비하면 '새 발의 피' 일수도 있지만, 아직 남은 시간이 많으니 조금씩 흉내 내보려 한다. 무엇보다 독서에 대한 사랑과 열정 가득한 그 모습을 따라 하고 싶다. 〈리딩으로 리드하라〉를 읽으며 지금 이상으로 독서를 처절하게 하고 싶다고 생각하게 된다. 이지성 작가가 분석하여 적용해온 1년 차부터 10년 차까지 정리해준 책 목록(〈리딩으로 리드하라〉 308쪽~331쪽)을 따라간다. 책이 좋은 이유는 이렇게 전문지식을 아주 쉽게 내 것으로 만들 수 있다는 것이다. 천재들과 만나는 시간이 기대된다.

독서 Tip

- 하루 10분을 활용한다. 10분은 절대로 짧은 시간이 아니다. 10분만 제대로 활용해도 어렵게만 느껴졌던 독서를 쉽게 내 것으로 만들 수 있다. 이 시간을 조금씩 늘려가는 방안이 좋다. 하루 10분만 활용해도 1년에 성경 1 독도 할 수 있다.
- 전체 페이지에서 완독하기 원하는 날짜를 나눠 하루에 조금씩, 꾸준히 읽는다. 쪽수를 나눠 읽는 방법은 글의 난이도와는 별개로 완독을 목표하는 것이 좋다. 완독의 성취감은 다시 읽을 수 있는 반복 독서의 의지를 가져다준다.
- 좋은 문구가 나오면 즉시 필사를 하여 글에 대한 자기 생각을 꺼내 글을 쓴다. 독서-생각 꺼내기-글 쓰는 삶을 살아가는 가장 쉽고 단순한 방법이다.
- 위에서 쓴 글을 블로그, 페이스북 등 SNS에 공유해보자. 자신의 글이 누군가에게 도움이 되어 선한 에너지가 다시 자신에게 돌아오는 성취감이 더해질 것이다.

깨달은 바를 수시로 기록하라

> 모름지기 뜻을 강구하고 고찰하여 그 정미한 뜻을 깨달으면 깨달은 바를 수시로 기록해두어야만 바야흐로 실제의 소득이 있게 된다. 진실로 외곬으로 낭독하기만 한다면 또한 실제의 소득이 없을 것이다.
>
> – 권영식 〈다산의 독서전략〉 중에서

독서 관련 이야기를 할 때 빼놓지 않는 것이 2가지가 있다. 독서를 완성하기 위해서 반드시 거쳐야 하는 과정이다. 정작 많은 사람이 책을 읽기만 하고 정작 중요한 2가지는 하려고 하지 않는다. 독서를 완성하는 두 가지는 바로 기록과 글쓰기다. 처음에는 기대감이 없다가 한 달 뒤, 1년 뒤 자신을 봤을 때 정말 많은 변화가 있음을 스스로 놀라기까지 하니 이렇게 단순하고, 강력한 방법이 없다고 생각한다. 무엇보다 삶의 패턴을 완벽히 바꾸는데 이 두 가지가 힘을 주었다.

생각을 수시로 기록하는 훈련을 하면 생각하는 힘을 높이게 되고 글쓰는 것이 두렵지 않고 편안한 마음으로 접근할 수 있게 된다. 새로운 것을 창조하는 것이 아닌 책을 읽다가 문득 생각나는 것(정약용 선생이 말한 깨달음)이 있으면 잠시 책 읽기를 멈추고 자기 생각을 책 한쪽에 기록해보는 것으로 시작하면 된다. 책에 메모하기 위해서 도서관에서 책을 빌리기보다는 구매하기를 권한다. 책값을 아끼지 않아야 진짜 내 책을 만날 수 있다. 짧은 생각 한 줄이라도 메모를 한 책이야말로 세상에서 하나뿐인 나만의 책이 된다.

내 경우에는 생각의 끝자락이라도 잡고 싶은 마음으로 블로그에 글을 쓰는 것으로 시작했다. 책에는 간단한 키워드를 적고 그 키워드를 토대로 블로그에 생각을 정리하며 글을 쓰곤 했다. 처음에는 좋은 문구를 남기는 것만으로 좋았다. 그런 행위가 하나, 둘 쌓여 가니 어느덧 내 삶은 기록쟁이, 글쟁이가 되어 풍요로운 삶을 느끼곤 한다. 기록의 매력을 알게 된 것이다. 그동안 독서, 기록, 글쓰기 관련 글을 많이 쓰곤 했다.

독서는 기록이다.	책을 초서(베끼는 행위)하는 우리 반 이야기	소소한 배움도 기록하는 것	내 입장과 연결하는 입장독서법

하나같이 '독서-기록-글쓰기(사색)'에 대한 이야기다. 모두 일맥상통한 이야기들이다. 뿌리는 하나지만 각각의 가지들이 다양한 분야로 뻗어 나가곤 한다. 독서만 절대 따로 있지 않다. 독서와 기록, 글쓰기가 함

께 가야 진정한 책의 힘을 느낄 수 있다. 어느 날 한 독자가 내 책을 읽고 이런 문자를 보내주었다.

> 책을 읽다가 '나는 당신의 점이 되고 싶다'는 부분에서 잠시 책장을 덮었습니다. 나는 과연 어떠한 점을 찍고 싶은지 문득 궁금했기 때문입니다. 공책에 적었습니다. 마음이 한결 가벼워집니다. 내 삶도 누군가에게는 하나의 점이 될 수 있겠다는 생각에 얼굴에 미소가 번집니다. 이제는 그런 점을 연결하여 선으로 만들고 싶습니다. 고맙습니다.

이 글을 읽고 있는 당신. 잠시 책을 덮고 자신의 깨달은 바를 기록하여 글쓰기로 독서를 완성하는 것은 어떨까? 당신의 인생 또한 기록과 글쓰기로 물들어가는 기분 좋은 상상을 해본다.

아주 작은 습관의 힘
: 습관 쌓기

2016년까지는 꾸준히 무언가를 하는 것이 힘들었지만, 어느 순간부터 삶의 체계가 잡히면서 습관의 중요성을 느끼게 되었다. 무엇보다 변화를 간절히 갈망하였고 결국 '미라클 모닝'을 만나게 되었다. '10분만 더… 10분만 더…' 그렇게 알람과의 사투를 벌이고 출근 시간을 맞추기 위해 아슬아슬한 시간에 일어나 빠르게 세수를 한 뒤 08시 30분에 교실 입실! 아이들과 하루를 보내고 남은 시간 수업 준비를 하면서 바삐 보냈던 10여 년의 세월은 나에게 '교육이란 이런 것이다.'라는 자신감을 보여주지 못했다.

아이들의 성장을 위해 꾸준히 무언가를 한다기보다는 보여주기식 수업을 잠깐 할 뿐이었다. 그러다 보니 '이것도 나와 맞지 않는 것 같다.'라는 자기 합리화만 생겼다. 합리화와 친해지면 삶이 편해진다. 굳이 애쓰면서 살 필요가 없기 때문이다. 어느 날 문득 깨달았다. 이 합리화 때문에 내 능력이 점점 사라지고 있다는 것을…. 그런데 독서와 만난 지금은 과거와 다르다.

– 새벽에 일어난다.	– 10분 동안 성경을 읽는다.
– 물을 한잔 마신다.	– 필사한다.
– 머리를 감는다.	– 글을 쓴다.
– 팔굽혀펴기한다.	– 수업을 준비한다.
– 기도한다.	– 독서를 한다.
– 스톱워치를 킨다. (스톱워치 공부법)	– 영어공부를 한다.

일련의 반복된 습관으로 하루를 맞이하고 있다. 이것을 모두 할 때가 있고, 못할 때도 있지만 '그다음에 뭐하지?'라는 불필요한 생각 없이 몸이 반응하여 이뤄진다. 루틴[3]이 형성된 것이다. 처음부터 이런 루틴이 이뤄진 것은 아니었다. 50일까지는 미라클 모닝하고 필사, 몇 줄 다짐 글쓰기뿐이었다. 이것만으로도 전에 느껴보지 못한 새로운 에너지가 샘솟았다. 어느 정도 적응하니 습관을 점차 늘려갈 수 있었다. 한 사모님의 권유로 하루 시작에 성경 읽기를 우선순위에 넣어보기도 하고, 〈1日 1 行의 기적〉 유근용 작가의 강연에서 매일 100개의 팔굽혀 펴기를 한다는 것을 알고 내 나이만큼(41) 팔굽혀펴기하고 다짐 글쓰기를 넘어 이렇게 조금 더 생각을 끌어내는 글쓰기로 확장하기도 하고 〈쿠션〉과 〈경청〉의 저자이면서 한국 인문고전 독서 토론 대표인 조신영 작가의 글(영어 30분 동안 꾸준히 하니 영어의 장벽이 무너짐을 경험했다는 것)을 통해 영

3 운동선수들이 최고의 운동 수행 능력을 발휘하기 위하여 습관적으로 하는 동작이나 절차

어공부를 넣어보기도 하는 등 습관을 늘리기 시작했다.

어느 한 가지 습관을 잡으니 그 습관 위에 하나 더 얹히는 것은 좀 더 수월하다는 것을 알게 되었다. 나는 이것을 '핵심 습관 플러스 법칙'이라 칭한다. 경험을 통해 발견한 단순하고 강력한 방법이었다. 61명 유명 인사의 습관을 담은 팀 페리스의 〈타이탄의 도구들〉에도 이를 뒷받침하는 일화가 소개된다.

"매트(워드프레스 개발자)는 가장 중요하게 여기는 습관에 관해 묻는 내(팀 페리스) 질문에 1초의 망설임도 없이 매일 잠자리에 들기 전 하는 '팔굽혀펴기 1회'를 꼽았다. 그렇다, 딱 한 번이다. 그는 말한다. 아무리 늦게까지 일을 했더라도, 또 세상이 아무리 어수선하더라도 팔굽혀펴기 한 번도 못 할 만큼 힘들기는 불가능하다. 목표와 계획을 세울 때 가장 중요한 것은 '변명의 여지를 없애는 것'이다. 그래야 달성할 수 있다. 일단 쉽게 습관이 들게 하는 것이 핵심이다. 습관이 되고 나면 두 번, 세 번, 열 번으로 늘려가도 어렵지 않다는 것을 깨달을 수 있다."

이 글을 읽고 생각을 끌어내어 SNS에 글을 올렸다.

예전에는 습관을 거의 무시하며 살았습니다. 그것이 뭐가 그리 중요하다고… 그냥 좋은 직업 갖고, 열심히 일하고, 인정받으며 성실하게 그때그때 일 잘하면 크게 문제없이 살겠다는 생각이 강했지요. 무언가를 배웠으면 지속해서 하기보다는 어쩌다가 하면서 금방 열기가 식곤 했습니다. '꾸준함의 부재' 그러니 뭐를 해도 끝까지 했던 것이 없었던 것 같습니다. 의지는 갖고 있었으나 행하지 않으니 '내가 뭐 그렇지'라고 합리화하면서 하루하루는 그렇게 (아깝게) 흘러가곤 했습니다.

습관이란 말을 들으면 거창한 것만 떠올랐습니다. 매일 글을 쓰는 것이라든지, 매일 한 권의 책을 읽는 것이라든지, 매일 1시간 이상 운동을 하는 것이라든지 갑자기 지키기 힘든 것들을 연상하곤 했습니다. 그런데 지나고 나니 습관이란 것이 아주 작은 것에서부터 시작된다는 것을 알게 되었습니다. 그와 동시에 삶을 변화시키는 가장 큰 핵심 열쇠를 쥐고 있다는 것도 알게 되었습니다.

〈타이탄의 도구들〉의 서문에는 3분을 투자하여 잠자리 정리하기가 나오고, 위 매트의 이야기를 통해서는 팔굽혀펴기 1회가 나옵니다. 그 외에도 정말 많은데요. 중요한 것은 자신의 의지를 지속해서 실행시켜줄 수 있는 자신만의 무언가가 필요하다는 것입니다. 그것은 곧 자신의 시험해보는 행위기도 하지요. 만약 자신이 생각한 것은 지킬 수만 있다면 자신을 신뢰하게 되면서 자신감, 자아효능감도 함께 높아져 삶이 더욱 풍요롭게 되는 것은 알아서 자동으로 뒤따라올 것입니다. '나는 내 의지를 갖고 매일 어떤 것을 하고 있는가?'

습관을 잡는 것의 중요성을 알긴 아는데 쉽지 않으니 이와 관련된 저서들도 많이 나오게 됩니다. '하루 1분/5분/10분이면 된다.'와 같이 하루에 주어지는 24시간(1,440분) 중에서 이것만큼은 지킨다면 습관이 들고 그 습관은 또 다른 습관으로 전이될 수 있기에…

저도 개인적으로 매일 일정한 시간을 자신의 의지를 갖고 행하는 시간을 내야 한다고 생각하는 사람 중의 한 명입니다. 하루 중 최소 30분은 자신에게 선물을 주라는 표현으로 다가갑니다. 처음 저에게 다가온 습관은 독서습관이었습니다. 〈독서천재가 된 홍 대리〉를 읽고 〈100일 동안 33권 읽기〉 프로젝트를 아내와 함께 진행하였는데 100일 이후에는 자연스럽게 매일 책을 펼치게 되면서 그 습관은 저에게 자신감을 심어주었고, 이어서 조금씩 습관을 더하는 〈습관 플러스 법칙〉을 적용하고 있습니다.

지금은 독서습관을 넘어 다양한 습관을 갖게 되었습니다. 지·덕·체의 조화를 이루기 위해 조금씩 시간을 보태고 있는 요즘입니다. 로빈 샤르마의 〈5 AM 클럽〉을 읽고 나서는 건강 쪽에 좀 더 시간을 투자하기 위해 유산소 운동을 하는 습관을 들이려고 노력하고 있습니다. 하나의 습관을 쉬운 것으로 매일 반복해보면 어느 날부터 그것을 하지 않으면 이상한 감정이 들 정도로 체득 화가 된 자신을 발견하게 됩니다. 그것부터 시작하면 되지요. 거창하지도 않습니다. 팔굽혀펴기 1회같이 자신의 의지로서 무언가를 꾸준히 하는 모습을 자아에 비추면 되거든요. 습관이 잡히면 자신을 더욱 신뢰하게 됩니다. 그때부터는 새로운 삶이 펼쳐질 가능성이 큽니다. 작은 습관은 곧 삶을 변화시키는 핵심 습관이 될 것입니다. 자신에게 습관을 선물해보는 것은 어떨까요?

〈타이탄의 도구들〉과 더불어 또 하나 큰 도움이 되었던 책이 있다. 바로 제임스 클리어의 〈아주 작은 습관의 힘〉 그곳에 나온 습관 쌓기 부분을 읽으면서 더욱 확신하게 되었다. 제임스 클리어의 방법은 쉽고 단순하다. 그래서 강력하다. 습관 전문가인 그는 이렇게 말한다. '이미 매일 하는 현재의 습관이 무엇인지 파악한 다음 그 위에 새로운 행동을 쌓아 올리는 것이다.' 중요한 것은 현재 습관과 관계를 연결하는 것이다. 이런 일련의 과정이 지속한다면 새로운 습관을 체득하는 것은 시간문제다. 저서에 나온 많은 것들에 고개가 끄덕여진다. 습관과 친해지기 전에 읽었다면 '나와는 딴 세상 사람들의 이야기'로만 여겼을 텐데 지금은 전적으로 동의한다. 경험해보니 습관의 힘은 정말 대단하다. 내 삶에도, 나와 함께하고 있는 학급에도 말이다. 이런 습관 쌓기를 학급에도 적용하고 있다. 천천히 하나씩 습관을 만들어간다. 결국, 우리만의 하루 루틴을 만들어 하나의 시스템이 되니 삶의 근육이 만들어진다.

* 칠판 아침편지로 긍정의 마인드로 시작: **〈자기력〉**
* 알림장 체크, 아이비리 6가지, 셀프 체크리스트를 통한 자기 주도적인 삶 신장: **〈주도력〉**
* 〈글 똥 누기〉를 통한 마음을 들여다보고 마음의 두 줄로 표현하기(학생 모닝 페이지): **〈글력〉**
* 아침 10분 독서를 통해 마음의 양식 채우기: **〈독서력〉**
* 좋은 문구 필사를 통해 가슴 깊이 새기기: **〈심력〉**
* 하루 중 5분 투자하여 5분 청소법 실시: **〈청소력〉**
* 하루의 밀알 이야기(교단 일기)를 작성: **〈성장력〉**

가치 있는 것들을 하나씩 쌓아가며 학급 문화를 만들어간다. 우리 반만의 하루 루틴이 형성되어간다. 큰 습관을 바로 시작하지 않는다. 쉽게 무너지기 때문이다. 대신 작은 습관에 무게 중심을 두어 하나씩 쌓아 올린다. 결국, 멀리서 보면 그것은 한 인간의, 한 학급의 큰 습관을 점차 형성해간다. 그렇게 습관은 영글어간다.

100일
: 분명한 약속의 시간

이 책은 100일 동안의 변화를 주문한다. 100일이라는 시간은, 어떤 변화의 노력이 인간의 몸에 완전히 정착함으로써, 이후 의식적인 노력 없이도 습관처럼 이루어지기까지 절대적으로 필요한 시간이다. 인간의 몸이 자연 상태에서 원하는 최소한의 시간인 것이다.

잊지 말아야 할 것은 이 기간만큼은 반드시 노력해야 한다는 것이다. 그 이후는 아무 걱정할 필요가 없다. 그때는 몸이 알아서 움직일 것이다. 그래서 100일은 긴 시간일 수도 있지만 분명한 '약속의 시간'이기도 하다.

– 사이쇼 히로시 〈아침형 인간〉 중에서

100일이면 3달하고도 7일이 더 주어진 시간이다. 100일이란 시간은 의미 있게 다가온다. 32살까지 1년간 1권 읽기도 벅찼던 내게 독서의 습관을 갖게 한 것도 100일이요, 우울증을 이겨내고 매일 글 쓰는 삶을 살아가게 한 것도 100일이요, 써야 할 저서가 있을 때 초고의 숙고 시간을 갖게 되는 것도 100일이기 때문이다. 100일이란 시간은 나에게 많은 기회를 주는 소중한 기간이다. 정용철의 〈사랑의 인사〉에서 가슴을 적시는 희망찬 문구를 발견하였다. 구절, 낱말 하나하나가 매우 의미가 있어서 그대로 인용해본다.

키가 자라는 일, 말을 배우는 일, 생각이 깊어지는 일, 마음이 넓어지는 일, 삶이 자유로워지는 일…. 이런 일들은 우리가 모르는 사이에 일어납니다. 오랜 시간이 자연스럽게 만드는 일일수록 우리에게 중요하고 가치 있는 일입니다. 뚜렷한 변화가 빨리 일어나지 않는다고 낙심할 필요는 없습니다. 변화가 눈에 보일 정도로 빠르다면 별로 가치가 없거나 삶에 도움이 안 되는 일일 수도 있습니다.

내 마음이 정말로 중요한 무언가를 향해 가고 있다면, 변화가 느리더라도 언젠가는 그곳에 닿을 것입니다. 뚜렷한 성장이 없어 낙심하고 있습니까? 중요한 변화는 느리지만, 분명히 일어납니다.

– 정용철 〈사랑의 인사〉 중에서

1을 넣으면 바로 1이 보이는 것을 좋아했다. 정보 분야가 나에게 그랬다. 컴퓨터 타자 치듯 한 글자를 쓰면 바로 써지는 것들! 영상을 만들 때도 재미와 성취감이 있어서 푹 빠졌다. 이슬비에 옷이 젖듯 꾸준히 해야 결과가 나타나는 일들은 재미가 없었다.

독서가 그중 하나였다. 오늘 책을 읽는다고 당장 눈에 띄게 바뀌는 것도 아니었고, 읽지 않는다고 해서 상황이 급격히 나빠지는 것도 아니다. 그렇게 독서는 삶의 우선순위에서 항상 꼴찌에 있어야만 했다.

독서를 32살에 시작하여 이제 10년이란 세월이 흘러간다. 기대도 하지 않았던 독서였지만 지금은 내 삶의 뿌리에 강력히 한 부분을 차지하고 있고 하루 우선순위에서도 빠지지 않는 중요한 요소로 자리를 잡았다.

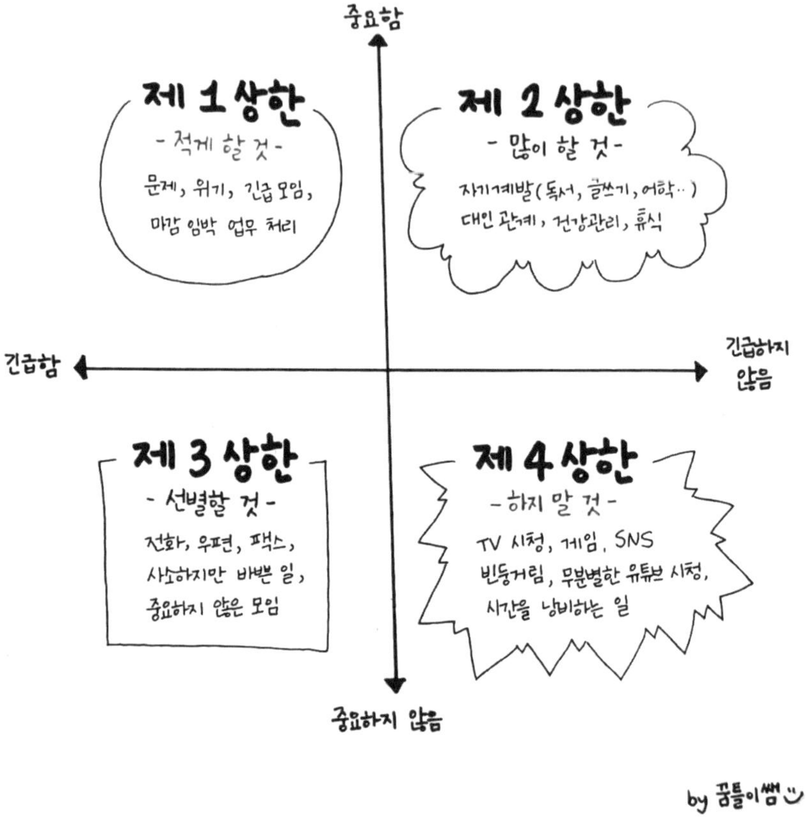

스티븐 코비의 시간관리 매트릭트

글을 쓰기 위한 100일의 선물을 자신에게 주세요

2016년에는 삶의 어려움에 맞닥뜨렸다. 삶을 포기하고 싶은 나날의 연속이었다. 하지만 나에게 향하는 수많은 눈망울, 특히 우리 가족의 눈이 나를 계속 살게 했기에 변화가 너무 간절했던 시기였다. 정말 절실하게 간절했다. 때마침 〈뜨겁게 나를 응원한다〉 조성희 작가의 저자특강에서 사람의 변화는 간절함과 영감으로 이뤄진다는 말에 용기를 갖고 한 걸음 내디딜 수 있었다. 할 엘로드의 〈미라클 모닝〉에서 토니 로빈스도 이와 비슷한 말을 했다. '인생의 커다란 변화를 만들고 싶다면, 당신에게 필요한 건 영감, 혹은 절망이다.' 사이쇼 히로시 역시 〈아침형 인간〉에서 변화를 가능하게 하는 것은 본인의 절실함과 과감한 실행뿐이라고 말한다. 어둠의 터널을 지나고 나니 변화라는 것은 그런 간절함에서 나타나는 하나의 빛과 같은 것이었음을 알게 되었다.

삶의 몇 가지 도약지점이 있는데 가장 강력했던 것을 뽑자면 새벽을 만난 순간이다. 2017년 3월 19일부터 하루도 빠짐없이 매일 새벽 3시~6시에 일어나서 하루를 시작했다. 30일이 지나고, 50일이 지나고, 100일이 지나며, 365일이 지나자 새벽의 힘을 확실히 느낄 수 있었다.

두려웠던 절망은 말끔히 사라졌고, 희망찬 오늘, 내일이 기다려졌다. 새벽을 만나기 전에 읽었다면 남의 이야기로만 치부했을 스토리인데 새벽을 만나니 모두 공감되는 내용이었다. 새벽은 삶의 변화를 가져오는 주옥같은 약속의 시간이라는 것을 나 역시 공감한다.

약 없이는 버틸 수 없던 심각한 우울증을 8개월간 앓고 있을 때 조성희 작가의 〈뜨겁게 나를 응원한다〉를 100일 동안 필사했다. 첫날은 아무런 기대도 없었고, 그저 놓인 새벽 시간을 어떻게 활용할까 생각하다 무심코 쓴 것이 현재를 만드는 데 일조했다. 100일이란 시간은 내가 모르는 변화를 끌어내는 데에 충분했고 소중한 시간이었다고 생각한다.

요즘에는 종종 사람들을 만나면서 변화를 갈망하는 분들과 이야기를 나누곤 한다. 솔직히 많은 사람이 다람쥐 쳇바퀴처럼 돌고 도는 인생에서 탈출하기를 간절히 바란다. 내가 드릴 수 있는 가장 쉽고 단순한 방법은 '100일이란 시간을 투자해보라'는 것이다. 독서가 되었든, 필사되었든, 글쓰기가 되었든, 운동이 되었든, 영어가 되었든 뭐든지, 자신에게 가치 있다고 생각하는 것을 100일 동안 의식적으로 꾸준히 하는 것! 이렇게 다짐하자. '내가 내 시간을 주도적으로 활용한다.' 역으로 생각하여 만약 100일간 꾸준히 그것에 에너지를 부여한다면 삶에서 가장 중요한 자신을 믿게 될 것이다. 자신감이 거기서 나오는 것이다. 그동안 가장 배신을 많이 했던 자신으로부터 결별하고 무언가 생산적인 가치를 발휘하는 자신을 만나게 될 때 삶에서 오는 긍정에너지가 함께 찾아온다.

내가 늘 가슴 깊이 새기고 다니는 구절이 있다. '모든 죄악의 기본은 조바심과 게으름이다.'라는 프란츠 카프카의 말이다. 조바심을 넘어서면 서서히 성장하는 자신을 믿을 수 있게 된다. 자신을 믿게 되면 타인도 믿게 된다. 서로가 성장을 믿게 되니 조바심을 낼 필요가 전혀 없다. 그저 묵묵히 나에게 소중하게 여겨지는 신앙, 육아, 독서, 글쓰기, 운동, 사람들과의 교제 등을 하면서 일상을 소중하게 바라보고 기록하며 제2의 삶에 집중해볼 뿐이다.

오늘 했다고 내일 바로 변화되기를 기대하지 않는다. 남과 비교도 하지 않는다. 중요한 변화는 느리지만, 분명히 일어난다는 확신을 하고 하루하루를 살아갈 뿐이다.

인간의 가능성

어느 날 한 유튜버의 촬영 문의가 들어왔다. 〈직업의 모든 것〉이란 유튜브를 운영하는 〈나는 알바로 세상을 배웠다〉의 저자인 황해수 작가다. 유튜브 내용은 세상 속에 있는 직업인들을 찾아서 청취자들이 궁금해할 것 같은 질문의 답변을 화면에 담아내는 것이었다. 촬영을 위해 함께 근무하는 후배 선생님(저경력 교사)과 나(고경력 교사)를 섭외했고 초등교사의 삶에 대한 다양한 이야기를 나누었다. 촬영을 마치고 황해수 작가와 식사하면서 다양한 아르바이트 세계를 간접 경험할 수 있었다. 또한, 책을 좋아해서 자연스럽게 책에 관한 이야기로 넘어갔다. 주로 책 이야기가 나오면 살아오면서 제일 인상 깊었던 책에 관해서 묻곤 했다.

"작가님이 삶에 있어서 인생 책이 있다면 어떤 것이 있으세요?"

"저는 차동엽 신부님의 〈무지개 원리〉와 오히라 미쓰요의 〈그러니까 당신도 살아〉를 꼽습니다. 혹시 읽어보셨나요?"

"아니요, 두 책 모두 제목은 많이 들었는데 아직 읽어보진 못했네요. 작가님 덕분에 이제는 두 책과의 인연도 생길 것 같네요."

이야기를 마치고 가는 뒷모습을 바라보며 되새긴 책 이름, 〈그러니까 당신도 살아〉!

'왠지 제목이 낯익다…. 아 맞다! 전에 구매한 책이었지!'

학교에 와서 주섬주섬 책을 찾았다. 생각한 곳에 있는 책을 발견하니 알라딘에 나오는 요술램프를 찾은 것처럼 기분이 묘했다. 어떤 의미를 나에게 줄지 생각하며…. 내가 책을 선택할 때도 있지만 때로는 책이 부른다고 하지 않던가. 이때를 가리켜 적용할 수 있을 것이다. 그 책은 나에게 큰 의미로 다가왔다. 책 표지에 나온 저자는 안경을 낀 순한 인상이었는데, '어떤 고초가 있었기에 책 제목을 그렇게 했을까?' 생각이 들었다. 책 뒷면을 보니, 다양한 키워드가 적혀져 있었다.

중학 시절에 당한 왕따
할복자살 기도
비행 청소년
열여섯 살에 야쿠자 보스와 결혼
이혼 후 호스티스 생활
세상의 바닥까지…. 갈 데까지 갔던 한 여자가 온몸으로 보여주는 인간의 가능성!

여기까지 읽었을 때, 한 제자와 나눈 이야기가 떠올랐다. 제자의 가족 중 중학생 언니가 있는데 친구로부터 지속적인 왕따를 당해 자살하려고도 했고, 자퇴해서 칩거 생활을 하고 있다는 이야기. 가족 이야기를 나누면서 밥을 먹다가 함께 눈물을 흘렸다. 두 눈이 빨개질 정도로 나는 그렇게 눈물이 났었다. 그때의 감정을 이입하여 책을 한자씩 읽었다. 책의 절반까지는 점점 바닥까지 가는 인생사를 그려놓을 정도로 '여기서 또 바닥이 있어?' 생각하며 읽었다. 드디어 찾아온 인생의 전환점! 저자에게 마지막 기회라고도 여길 진짜 인생의 전환점이 찾아왔다.

'이게 마지막 기회인지도 모른다. 마지막 기회…. 다시 한번 살아보는 거야. 진짜 내 인생을! (중략) 과거의 모든 것을 끊어냈다.'

그 뒤로 하루하루를 그저 열심히 살 뿐이라 고백할 정도로 삶을 변화시킨 저자가 보여준 것은 '인간의 가능성'이었다. 나 역시 이 '가능성'이란 말을 좋아하기에 내 삶의 키워드로 삼고 있다. 당시에는 그것이 삶의 변곡점인지 모르게 지나갔지만 지나고 보면 변화의 점들이 늘 있었던 것을 뒤늦게 깨닫는다. 이를 가리켜 터닝포인트라고 한다. 스티브 잡스가 말한 대로 미래의 점들을 미리 연결하기는 쉽지 않지만, 과거의 점들로부터 지금의 모습을 연결해오고 있었다. 오히라 미쓰요도 마찬가지, 나 역시 마찬가지, 모든 사람이 마찬가지다. 인간의 가능성을 믿고, 전환점을 통해 다시 일어설 힘을 길러내는 것의 중요성을 〈그러니까 당신도 살아〉를 통해 다시 한번 배우게 되었다. 오늘도 이렇게 외친다.

"누구든지 할 수 있습니다. 가능성을 믿으세요! 그리고 그 가능성을

토대로 하루하루 자신의 삶에 귀한 점을 선물하면 됩니다. 나중에 뒤를 돌아봤을 때 그 점들은 잘 모여져 멋진 선으로, 선들은 멋진 면으로, 면들은 멋진 입체적인 삶으로 보답이 되어 돌아올 것입니다! 자신을 믿으세요! 존재하는 것은 가능성뿐입니다!”

좋은 교사가 되기 위한 조건 : 사람에 대한 기술

학습은 혼자 할 수 있지만, 배움은 사람과 사람 간에 발생하는 것입니다. 좋은 수업을 하려면, 먼저 좋은 교사가 되어야 합니다. 그리고 좋은 교사가 되려면 '사람에 대한 기술'이 있어야 하며, 성장하고 싶다면 매일 이 기술을 연마해야 합니다.

– 허승환 〈허쌤의 참여 수업 1〉 중에서

아이들과 매일 밥 친구(점심시간 때 번호대로 선생님과 1대1로 밥을 먹는 시간)를 하면서 물어보는 것이 있다.

"요즘 배우는 것이 즐겁니?"

"아니요!"

"너의 배움에 대한 즐거움을 1부터 10까지 점수로 표현한다면 몇 점을 줄 수 있을까?"

"3점이요."

"그렇구나! 배움이 싫어진 계기가 있다면 언제였을까?"

"○○○○ 때문에 선생님(부모님)께 혼이 나면서 자신감도 없어지고, 감정적으로 좋지 않아서 점점 싫어진 것 같아요."

많은 친구가 배움의 즐거움 대신 배움의 아픔을 경험한다. 요즘 아이들 배움에 대한 폭력(일방적으로 무언가를 주입하려고 하는 배움을 나는 배움 폭력이라 정의한다.)으로 인해 배우기를 즐기지 않는 경향이 있다.

허승환 선생님의 글귀 하나하나를 다시 되짚어본다. '좋은 수업을 하려면 먼저 좋은 교사가 되어야 합니다. 좋은 교사가 되려면 사람에 대한 기술이 있어야 하며 성장하고 싶다면 매일 이 기술을 연마해야 합니다.' 결국, 매일 사람에 대한 기술을 연마해야만 좋은 교사가 될 수도 있고, 그 힘을 바탕으로 좋은 수업도 할 수 있다. 수업, 생활, 마음… 그 어느 것 하나 소홀히 할 수 없기에 교직이 쉽지 않은 것만은 분명한 사실이며 이 모든 것의 첫 단추는 아이들과의 관계, 즉 마음을 얻느냐 못 얻느냐가 좌지우지한다.

교사인 내가 아이들의 마음을 얻으면 내가 하는 충고는 곧 아이들을 돕는 조언이 되지만 마음을 얻지 못하면 똑같은 말이라도 잔소리가 되어 관계는 더욱 멀어지고 학급 분위기는 점점 어두워질 것이다. 그래서 '아이들의 마음을 얻는 것이 먼저다'라고 토드 휘태커가 〈훌륭한 교사는 무엇이 다른가〉에서 강조한 것이다.

'사람에 대한 기술!' 지난 2015년에 우연히 김성효 장학사(당시 군산 개정초 교사)의 〈세상을 바꾸는 시간 15분〉에 나온 영상을 시청했다. 주제는 '학급을 경영하라' 이었고, 주옥같은 강연에 흠뻑 빠졌다. 당시 주먹구구식으로 학급을 운영할 때라서 하던 일을 멈추고 그 영상을 계속 반복하며 하나하나 적으면서 들었다. 그중 학급에 즉각 실천한 것이 학부모와의 소통에 관한 내용이었다.

방법은 이러했다. 하루에 친구 한 명씩 칭찬 문자를 부모님께 드리는 것. 아이의 입장에서, 부모의 입장에서, 교사의 입장에서 입체적으로 매우 좋은 방법이라 여겼다. 관심만 조금 쏟으면 2분도 되지 않는 시간 동안 큰 효과를 누릴 수 있는 좋은 방법이었다. 그래서 이 방법을 적극적으로 활용했고, 주변의 선생님께도 이 방법을 공유하고 있다. 직접 해보니 기대 이상으로 좋았다. 사탕발림으로 보낸 것이 아닌 진심을 담아 아이를 칭찬하니 그냥 무심코 지나칠 것들에 조금 더 의미가 부여되는 것 같다. 부모님께 SNS를 통한 직접적인 칭찬 방법은 〈허쌤의 참여수업 1〉에서도 고스란히 나온다. 짧은 시간을 투자해서 학부모, 아이들과 친밀한 관계를 형성하는 것은 '사람에 대한 기술' 중 강력하다고 생각한다. 매일 진심을 담아 아이들을 관찰하고, 그것에 대한 칭찬과 격려를 아낌없이 주도록 노력해야겠다는 다짐해본다.

용죽초등학교에서 근무하는 박은주 선생님의 칭찬 문자 경험을 공개한다.

교사라면 칭찬과 관심이 아이들을 긍정적으로 변화시킬 수 있다고 알고 있다. 그렇지만 바쁜 일상을 보내다 보면 제대로 칭찬을 하지 못한 채 종업식을 하곤 한다. 그러던 차에 2018년 12월에 교실에서 부모님께 매일 2~3명에게 일과가 끝난 후 간단한 칭찬 문자를 보내서 아이들을 칭찬했다는 김성효 선생님의 강의를 듣고 적용해 보기로 했다.

1학년은 아직 자기 생각과 감정을 표현하기에 서툴고, 시간이 오래 걸리기에 아이들 수십 명을 칭찬하기 위해 교사는 슈퍼우먼이 되어야 한다. 교실 속 아이들은 수만 가지의 행동 양상을 보이고 그중에 순간적으로 교사도 감동할 만한 바람직한 행동도 영화처럼 지나간다. 순간순간 감동하고, 고마운 감정을 느끼지만, 시간상으로 너무 바빠서 적절한 칭찬의 말들을 해주지 못하거나, 아예 기억나지 않는 경우가 많았다. 그래서 학급일지에 칭찬받을 행동을 한 친구에게 간단히 표시하거나, 사진을 찍어두었다. 아이들을 다 보내고 바쁜 시간이 지나면 오후나, 퇴근 무렵에 하루에 3명 또는 한 명 이상 간단한 문자를 보내드렸다. 예를 들면

□□어머님, 안녕하세요? 오늘 □□이가 급식당번 봉사를 너무 잘 해주었습니다. 덕분에 오늘 첫 점심시간을 잘 보내고, 아이들이 급식을 잘했습니다. 가정에서 칭찬 부탁드립니다.

○○ 어머님, 안녕하세요? 오늘 ○○가 친구 윤호와 교실 청소를 잘 도와주어서 책상이 반짝반짝 빛이 났습니다. 땀나도록 열심히 도와준 ○○이를 칭찬 부탁드려요.

아무리 개구쟁이더라도 열심히 책상을 닦는 모습은 보는 이로 하여금 가슴을 뭉클하게 한다. 이러한 사진에 칭찬 문자까지 넣으면 부모님은

기분 좋은 하루를 보내게 된다. 초등학교 1학년에 첫 아이를 보내고 학교생활은 잘하고 있는지, 친구와 잘 지내는지 걱정 많은 엄마들이 사진과 칭찬 문자에 안심하고 교사를 신뢰하게 된다. 가깝고도 먼 학부모와 교사 사이에 무슨 문제가 있을 때만 받았던 문자가 아니라, 가끔이지만 받는 칭찬 문자에 감사를 전하는 부모님을 보면서 교사와 학부모가 '한 편'= 동지(同志)라는 의식을 갖게 되었다. 부모님께 보내는 칭찬 사진과 문사 내용은 다시 봐도 아름답고 행복한 장면들이다.

한글을 잘 깨우치지 못한 친구가 자랑스럽게 손을 들어 앞에 나와 책을 끝까지 읽던 친구, 그림 그리기에 유달리 소질이 많은 친구, 승리욕이 많아서 친구들과 다툼이 많지만, 그 누구보다 발표를 잘하고, 재미있는 수업 분위기를 이끌어가는 친구, 동작이 재빨라서 자기 할 일을 잘할뿐더러 일 년 동안 급식 봉사 도우미를 자청했던 친구, 자그마한 두 손에 물병을 날라 강낭콩을 먹여 살렸던 친구, 토한 친구를 위해 바닥을 닦아주었던 친구들….

셀 수 없이 많은 칭찬 장면들이 있지만, 그중에서 가장 기억에 남는 장면이 있다. 요즘 아이들은 부모님이 모두 정리정돈을 해주어서 그런지 자신의 물건 관리가 잘 안 된다. 학기 초에 모든 학용품, 색연필과 사인펜 등에 이름표를 붙여와도 제 자리에 넣고 챙기기가 안되는 친구가 있었다. 쓰레기 5개 줍기, 자기 주변 정리하고 가기 등을 매일 해도 그 친구들의 자리가 너무 지저분해서 참기 어려울 때가 많았다. '시간 지나면 다 잘하겠지'라고 인내해주기를 수개월이 지난 어느 날이었다. 2학기에 A4 클리어 파일에 포트폴리오를 하는데, 아침에 일찍 와서는 책상 위에 놓인 작품들을 아주 깔끔하고 정성스럽게 넣고 있지 않은가! 그때를 놓칠세라 사진을 찍어서 두 친구의 부모님에게 사진과 칭찬의 문자를 드렸다. 그런데 기적은 그다음에 일어났다.

그때부터 두 아이의 행동이 달라졌다. 자신의 책상 밑에 떨어진 물건들을 줍기 시작한 것이다. 그전까지 절대 자신의 물건들을 줍거나, 정리하는 데 관심을 기울이지 않던 두 친구가 변한 그 기점이 칭찬으로 연결된 지점이다. 종업식날 때까지 자기 주변을 아주 완벽하게 정리하는 습관까지는 가지는 못했지만, 칭찬 한마디에 움직이는 두 친구의 모습을 잊지 못할 것이다.

이런 칭찬 문자를 보내다 보면 교사는 평소에 아이들의 문제 행동에 관심을 두기보다 긍정적인 행동에 초점을 맞추게 된다. 칭찬할 거리를 찾아서 구체적(specific)으로 그때그때 바로바로(immediate) 칭찬하다 보면 아이들의 말과 행동에 진심 어린 관심을 두게 된다. 그러다 보면 아이들의 소소한 감정까지 읽게 되고 아이들을 아이들 눈높이에서 이해하게 되었다. 아이들을 많이 관찰하고, 이해하려는 과정에서 교사를 신뢰하는 것을 느낄 수 있었고 수업 시간에도 아이들과 호흡이 잘 맞아 가르치는 즐거움을 알게 해주었다.

〈훌륭한 교사는 무엇이 다른가〉에서 토드 휘태커는 훌륭한 교사의 자질 중 하나는 하루도 빠짐없이 칭찬과 존중으로 학급의 긍정적인 분위기를 만드는 것이라고 한다. 교사는 칭찬을 통해서 학생의 긍정적인 변화를 알아차리고 인지하였음을 당사자에게 알려주고, 계속 잘할 수 있는 동기로 작용하게 할 수 있다고 한다.

지난 일 년은 칭찬의 마력을 경험한 한 해였다. 아이들의 삶에 좋은 영향력을 끼친 칭찬으로 훌륭한 교사에게로 한 걸음 다가간 것 같아 더욱 감사하다. 올해도 진정한 칭찬으로 바르게 성장할 아이들을 기대해본다.

은퇴 문제에서 최고의 해결책은 은퇴하지 않는 것

은퇴 문제에서 최고의 해결책은 은퇴하지 않는 것입니다. 평생을 이야기꾼으로 살고 싶어요. 황혼의 전업 작가, 꿈같은 이야기지만 블로그만 있다면 가능합니다. 블로그를 통해 평생 살아오며 느낀 점을 가만가만 옛날 이야기하듯 사람들에게 들려주고 싶어요. 그 글을 모아 책을 내도 좋고요.

– 김민식 〈매일 아침 써봤니?〉 중에서

기존에는 빨리 은퇴하고 싶었다. 노후가 해결된다는 전제하에 쉬면서, 또 쉬면서 하루하루를 보내고 싶었다. 그때 당시는 노는 것을 최고의 기쁨으로 알고 있었다. 하지만 독서를 하면서, 더 나아가 글을 쓰게 되면서는 생각의 판이 완전히 바뀌었다. '평생 현역으로 살자!' 이런 생각을 하게 된 것은 현대 경영학의 영적 스승인 피터 드러커의 말을 접하면서이다.

'나의 전성기는 60세~90세까지 30년이었다.' 오늘이 최고의 전성기처럼 살자는 말은 들어봤어도 자신의 전성기를 다른 사람의 은퇴 나이의 기간과 비슷하게 명시하는 그 자신감이 참 멋있어 보였다. 좋은 것을 따라 하는 나의 습성으로 바로 이 문구를 내 삶에 적용해 보고 싶다고 생각했다. 평생 현역의 삶, 무엇보다 은퇴 이후에도 현역처럼 살아가기 위해서 김민식 작가의 글쓰기가 참으로 매력적으로 다가왔다.

2016년, 자라나는 자녀의 삶을 놓치는 것이 아까워 블로그에 육아 일기 비슷하게 끄적거렸다. 하루하루의 삶을 기록하는 것이 재밌어서 기록의 맛을 조금씩 알아가기 시작했다. 성공한 수많은 사람이 왜 그렇게 기록하고 글쓰기를 강조하는지의 맛을 알게 된 것이다. 블로그가 그 가교역할을 톡톡히 한 셈이었다. 육아 일기를 시작으로 다양한 관심사의 카테고리를 만들기 시작했다. 확실히 기록하니 무언가 삶의 동력이 되었다.

'아! 이것도, 저것도 기록하고 싶고, 이런저런 내용으로 글을 쓰고 싶다.' 데일 카네기가 말한 '어떤 일을 하기 위해서 스스로 그 일을 원하는 삶'을 만들어가고 있음이 느껴졌다.

2016년 1월 30일부터 매일 블로그에 한 편 이상씩 글을 썼다. 쓰면서 알게 된 놀라운 사실은 점점 글쓰기가 재밌어진다는 것이다. 블로그 글은 누구에게 점수를 받으려 하는 것도 아니요, 단순히 나 자신을 위한 기록 도구일 뿐이었기에 글 한 편 쓰면 내 삶의 흔적을 조금이나마 남겼다는 것에 기특하다는 생각이 들면서 삶의 자신감도 생기게 되었다. 일거양득의 효과가 있는 셈이다.

독서에도 관심이 많았으므로 좋은 구절, 좋은 책 나눔, 내 생각 등을 이곳 블로그에 한데 모아갈 수 있었다. 다양한 생각들이 쌓이니 높은 장벽이라고만 여겼던 책 쓰기도 도전해볼 수 있는 용기가 생겨 〈독서교육 콘서트〉, 〈교사가 성장하면 수업도 성장한다〉, 〈선생님 마음의 온도〉(공저), 〈책에 나를 바치다〉(공저) 등의 저서도 남길 수 있게 되었다. 그것은 더 나아가 강의로까지 연결되어 글을 쓴지 몇 년 되지 않아 생각 이상의 다양한 통로로 나를 이끌어 가고 있다. 어떤 거창한 것을 생각해서 시작한 것이 아니었다. 그저 내가 좋아하는 것을 기록으로, 글로써 남기고 싶었을 뿐이었다.

블로그를 통해 평생 현역의 삶을 살아갈 수 있다는 자신감이 생겼다. 내 삶의 기록만으로도 누군가에는 희망이 될 수 있기에…. 무엇보다 나를 바라보는 자녀들에게 있어서 '아! 우리 아빠가 이런 노력으로 삶을 사셨구나'를 남길 수 있기에…. 남은 삶 평생 글 쓰는 현역으로 남고 싶다. '독서–기록–사색–글쓰기'의 선순환은 내 삶의 에너지를 풍성하게 공급해주어 앞으로도 예상치 못한 기회가 생길 것이라고 확신한다.

무언가를 바라는 것이 아닌 그저 즐길 뿐이다. 즐겁게 살아가는 평생 현역의 꿈을 블로그와 함께 가꿔가고자 한다.

블로그 글쓰기를 즐기는 밀알 샘의 비법

1. 내가 즐기는 것이 무엇인지 파악한다.
2. 블로그 내에 카테고리를 만든다.
   관리 / 메뉴 글 관리 / 블로그 / 카테고리 추가
3. 글, 사진, 영상 등의 자료를 활용해 글을 쓴다.
   과거, 현재, 미래 모두 괜찮다.
4. 매일 꾸준히 쓴다.
   1일 1 포스팅 하기 등 구체적으로 숫자를 넣어 목표를 정하고 실천한다.
5. 100일 동안 쓴다.
6. 이후 글 쓰는 습관을 갖게 되어 삶이 풍요로워짐을 발견할 것이다.
   정말 단순하다. 쓰는 만큼 풍요로워진다.

오늘을 사는 자

오늘, 마지막을 선포한 우리는 내일을 염려하지 않아도 됩니다.
오늘 믿음과 함께 내일 염려를 버리는 것이 중요합니다.
그리하면 한 날 괴로움은 그날로 족하게 됩니다.
오늘은 우리의 마지막이나 내일은 하나님이 역사하는 시작이 됩니다.
그러므로 오늘을 감사히 여기며 깨어 있어 기도하게 됩니다.

오늘은 공평하게 주어진 하루이나
겨자씨와 같이 하찮게 여기는 오늘이 아닌
공중이 새들이 깃들일 수 있는 큰 나무와도 같은
전부로 여겨야 할 오늘입니다.

인생의 전부가 담긴 축소판 오늘
사도바울과 같이 하나님 앞에서 날마다 죽노라 외치는 그 삶이야말로
날마다 깨어 있는 삶입니다.
날마다 나의 마지막을 선포하는 삶입니다.

– 방민철 〈오늘〉 중에서

신앙의 본보기로서 따르고 싶은 분이 있는데 방민철 목사님이다. 방민철 목사님은 현재 출석하고 있는 감리교회의 담임목사님이다. 함께 신앙 생활한 지도 수년째 되었는데 그의 저서인 〈오늘〉을 읽게 되었다.

목사님의 설교에서 자주 등장하는 키워드가 바로 '오늘'이다. 오늘을 사는 자! 나는 목사님을 그렇게 표현하고 싶다. 책의 제목, 책 속에 녹아든 글 하나하나는 모두 '오늘을 사는 자'의 목소리가 힘껏 담겨 있다. 오늘을 하찮게 여기는 사람들에게는 일시적이고, 우연적인 삶이 계속되지만, 오늘을 감사히 여기는 사람들에게는 감사와 사랑, 평화가 넘치게 되는 것을 알 수 있다. 차원이 다른 하루 24시간이다. 수많은 위인의 삶은 모두 오늘을 사는 사람들이었음은 부인할 수 없는 사실이다.

나는 오늘을 기억하기 위해 매일 글을 쓴다. 글만큼 오늘을 산다는 것을 증명하는 것이 없기 때문이다. 내 생각, 보는 것, 듣는 것, 느끼는 것 등 모두에 대한 글을 쓴다. 〈하루 선물〉이란 타이틀을 달고 매 순간을 기록한다. 어떤 날은 빼먹기도 하는데 며칠만 지나도 내가 무엇을 빠뜨렸는지 전혀 기억조차 나지 않는다. 이 얼마나 아쉬운 것인가. 내 소중한 삶이 글로 표현되지 않았단 이유로 무언가 단절된 느낌을 받는다. 이전에는 느끼지 못한 풍요로움이 여기서 온다. 글이란 바로 내 삶이기 때문이다. 내 삶이 곧 글이 되고, 글이 곧 내 삶이 된다. 이제는 떼려야 뗄 수 없는 불가분의 관계다. 때로는 '진작 이런 삶을 살았다면….' 이런 생각도 하지만 지금이라도 글에 대한 매력을 알 수 있어서 얼마나 감사한지 모른다. 글을 쓰면서 나는 '오늘'을 사는 자가 되었기 때문이다.

오늘도 배우고, 행복하다고 고백하는 〈인공지능에 대체되지 않는 아이로 키우는 법〉의 저자 김지영 작가의 삶, 오늘의 거대한 행운을 날마다 만나는 빌 게이츠의 삶, 오늘을 하나의 선물로 여기는 조안 리버스의 삶, 오늘의 문을 열어간다는 마인드 파워 조성희 작가의 삶 등 주변을 바라보면 얼마든지 오늘을 사는 사람들이 널려있다. 나는 그들의 삶을 하나씩 본받고 실천한다. 방민철 목사, 김지영, 빌 게이츠, 조안 리버스, 조성희 작가처럼 오늘을 사는 자가 되기로 결심하면서 이런 글을 남겼다. 어느 날 새벽 2시 45분에 일어나 깊은 울림을 준 '오늘'에 감사하며 쓴 글이다. 하루 24시간, 1,440분, 86,400초는 나에게 주어진 황금의 시간이다. 오늘을 가치 있게 살아가는 자로 기억되고 싶다.

"일상이 우리가 가진 인생의 전부다." 프란츠 카프카의 말을 이해하게 되었습니다.

"순간을 소중히 여기다 보면 긴 세월은 저절로 흘러간다." 마리아 에지워스의 말을 이해하게 되었습니다.

"당신이 어디 서 있건 지금이 바로 시작할 때입니다. 오늘 당신이 기울이는 노력이 분명 세상을 바꿉니다." 앤드루 매튜스의 말을 이해하게 되었습니다.

"위대한 위인들의 삶에는 바로 '지금'이라는 것이 살아 숨 쉰다."라는 말을 이해하게 되었습니다.

"비록 작은 일 일지라도 온 힘을 다해서 하십시오. 성공으로 향하는 길은 그대에게 맡겨진 일 속에 있는 것입니다. 성공한 사람들은 그 자신이 할 수 있는 일들을 크든 작든 가리지 않고 성실하게 꾸준히 한 사람들입니다." 존 워너 메이커의 말을 이해하게 되었습니다.

"그것을 하기에 적당한 때는 바로 지금이다."라는 말을 이해하게 되었습니다.

"모든 일에는 때가 있으니 순간순간을 즐거운 마음으로 최선을 다하고, 그 결과는 순리에 맡긴다"는 노자의 사상을 이해하게 되었습니다.

"실천하기 가장 좋은 날은 오늘이고, 실행하기 가장 좋은 시간은 지금이다." 홍인혜 작가님의 말을 이해하게 되었습니다.

"오늘은 새로운 날입니다. 여러분의 과거가 여러분의 운명을 방해하게 놔두지 마세요." 스티브 마라볼리의 말을 이해하게 되었습니다.

"오늘 하나는 내일 둘의 가치가 있다." 벤저민 프랭클린의 말을 이해하게 되었습니다.

"오늘이란 너무 평범한 날인 동시에 과거와 미래를 잇는 가장 소중한 시간이다." 괴테의 말을 이해하게 되었습니다.

"내일에 대해서는 아무것도 모른다. 우리가 할 일은 오늘이 좋은 날이며 오늘이 행복한 날이 되게 하는 것이다." 시드니 스미스의 말을 이해하게 되었습니다.

"날을 잡아라. 그날을 철저히 즐겨라. 난 공연히 미래를 걱정해서 현재를 조금이라도 망치고 싶지 않다." 오드리 헵번의 말을 이해하게 되었습니다.

나쁘지 않은 인생은 나쁘다

'당신은 5년 후 과연 어디에서, 어떤 모습으로 살아가고 있을 것인가?'

당신이 대기업 사원이든 명문대 학생이든 백수든 상관없다. 이 질문의 답변을 위한 뚜렷한 그림을 갖고 있지 않다면, 당신의 현재 삶이 5년 후에도 그대로 이어지고 있어도 상관없다면, 당신의 인생은 매우 위험해진다. 혹시라도 특별하게 만족스럽지 않아도 그럭저럭 나쁘지 않은 인생을 살고 있다고 생각한다면, 지금 즉시 그 생각을 버려라.

'나쁘지 않은 인생'의 끝은 결국 나쁘다.'

– 하우석 〈내 인생 5년 후〉 중에서

책의 위쪽 모서리에 완독한 날짜를 적어둔다. 2016년 5월 26일 처음으로 이 책을 만난 뒤 매년 1 독을 하고 있고, 5번째 읽기 위해 책을 들고 있다. 이 책을 만나기 전까지는 그저 장기적인 계획을 세워도 1년 단위, 분기 단위 정도였다. 그런데 책을 읽고 덮으면서 '내 인생 5년 후가 궁금하다'라는 문장이 가슴 깊이 새겨졌다. 5년 뒤가 기대되는 삶! 그것을 향한 나의 도전을 당시 책 여백에 떠오른 생각들을 적어봤다.

- 책 10권 출간
- 독서 강의
- 학급 경영 강의
- 베스트셀러 작가
- TV 출연
- 저서 해외로 판권
- 교사 1정 연수 강의
- 유망한 강사 / 독서 멘토
- 작은 수업 친구, 교육 네트워크 활성화
- 교육 멘토, 1대1 교육 컨설턴트

당시를 고려하면 불가능해 보이는 머나먼 꿈만 같았지만 그런 꿈을 꾸지 않았다면 내일이 기대되는 지금과 달리 평범하게 하루하루를 보내고 있을지도 모른다고 생각한다. 책 한 권이 전해준 비전의 힘은 참으로 대단했다. '어떻게 하면 저런 것들을 이룰 수 있을까?' 구체적인 방향을 정하니, 방법이 보이는 것 같았고 그것에 맞춰 나의 시간과 노력, 열정을 쏟기 시작함으로 그동안 나에 대해서도 몰랐던 부분을 발견하게 되었다. '어떻게 살고, 어떻게 할 것인가?' 지속해서 질문하고 지속해서 행하기 위해 노력했다. 내가 그동안 읽은 책들은 그에 대한 나만의 답을 찾기 위한 노력이었다.

2016년 5월 26일부터 시작된 〈내 인생 5년 후 프로젝트〉가 진행 중이다. 그동안 위 질문에 대한 방향을 찾기 위해 그에 따른 책을 읽고, 사람을 만나며, 배우기에 힘쓰고, 나누며 살아가고 있다. 당신의 5년 후의 삶은 어떠할지 잠시 생각해보자. 긍정적인 모습이 그려진다면 지금 하던 삶을 계속하면 되지만 그렇지 않다면 익숙한 것과 결별하고 새로운 루틴을 넣는 것이 좋다. 그중 독서와 글쓰기는 최고의 성장 도구다. 매년 새해가 되면 빠지지 않는 목표를 세우는데 독서 100권과 책 출간 1권이다.

이는 하루아침에 되는 것이 아니라서 성실함이 없으면 이룰 수 없다.

독서와 글쓰기는 별개의 것이 아니었음을 알게 되었다. 그것은 곧 하나였다. 책을 읽으면서 떠오르는 생각을 간단히 기록하는 것부터, 글을 쓰기까지 독서와 글은 떼려야 뗄 수 없는 관계에 있다. 하지만 우리는 그것을 잘 모른 체 독서를 하기만 한다. 정확히 이야기하자면 '독서 활동'을 한다. 쓰지 않으니 남는 것은 좋았던 느낌표 하나뿐이다. 그럼 무엇을 쓴다는 말인가. 삶의 방향을 써보길 바란다. 어떻게 쓰란 말인가. 이 책에서 나온 질문으로 답을 하려 한다.

〈내 인생 5년 후〉에서 핵심적인 질문 8가지를 던진다. 곰곰이 생각해 보면 좋겠다.

1. 당신이 정의하는 성공이란?
2. 당신은 실제로 어디에 살고 싶은가?
3. 당신에게 의미 있는 삶이란?
4. 왜 하필 그런 삶을 선택하는 것인가?
5. 의미 있는 삶을 사는 데 장애물은 없는가?
6. 당신이 원하는 삶에 대해 잘 알고 있는가?
7. 원하는 삶을 이미 사는 사람들이 있는가? 누구인가? 그들과 얼마나 자주 교류하는가?
8. 원하는 삶을 사는 자신을 얼마나 자세히 묘사할 수 있는가?

이 질문에 답을 찾아가다 보면 내 삶의 좋은 인생을 만나게 된다. 내 인생 5년 후의 삶을 기대해본다. 5년을 마치면 또 다른 5년이 기다리고 있다. 아마 죽을 때까지 내 인생 5년 프로젝트는 지속할 것이다.

이것만큼은 말하고 싶다. 위에 열거한 10개의 목표 중 8개가 벌써 이뤄졌다. 남은 기간 2개도 이루어지리라 확신한다. 이 글이 세상에 나올 즈음 1개가 더 이뤄질 것 같다.

글 쓰는 삶에 도움이 되었던 책들

세상에는 두 가지 경험이 있다. 하나는 직접 경험이요, 나머지 하나는 간접 경험이다. 직접 경험의 좋은 점은 말하지 않아도 알 것이다. 다만 직접 경험에는 시간과 공간, 비용에 대한 한계점이 분명히 존재한다는 것이다. 하지만 간접 경험은 누구나 쉽게 접근할 수 있고, 선택과 집중을 할 수 있다. 간접 경험의 대표적인 예가 바로 책이다. 책은 내 인생을 한 단계 끌어올려 주는 데 있어 매우 중요한 역할을 하는 도구다.

많은 책이 내 인생에 어떻게 적용했는지 기술하였다. 이 주제에서는 글쓰기에 도움을 준 도서들을 이야기하고자 한다. 이 글을 쓰는 이유는 단 하나다. 이 글을 읽는 당신도 글을 쓰는 삶의 축복을 만났으면 좋겠다.

1. 김병완 〈나는 도서관에서 기적을 만났다〉

이 책을 접하기 전에는 책이 기적을 만든다는 것에 대해 반신반의했다. 그렇다고 내 인생이 크게 전환점을 맞이한 것이 아니었기 때문이다. 허나 책을 읽으면서 그냥 읽는 것이 중요한 것이 아닌 기록을 하면서 읽는다는 것의 중요하다는 것을 알 수 있었다. 무엇보다 저자의 삶을 그대로 복사하고 싶을 정도로 독서에 대한 큰 동기를 유발한 책이다. 도스토옙스키의 말은 나에게 큰 자극이 되었다. "한 인간의 존재를 결정짓는 것은 그가 읽은 책과 그가 쓴 글이다." 이 말을 만나기 전에는 기록에 대한 매력을 느끼지 못했는데 책만 읽는 사람이 아닌 글도 쓰는 사람이 되고 싶었다. 결국, 지금은 매일 글을 쓰는 사람이 되었다.

2. 유근용 〈일독 일행 독서법〉

책 읽기 습관은 충분히 잡혔는데 무언가 부족한 느낌이 드는 삶 속에서 만난 이 책. 제목에서 알 수 있듯이 한 권의 책을 읽고, 그 속에서 하나의 행동을 끌어오게 되었다. 이 책 덕분에 실천 노트(처음에는 수첩에 기록했으나 지금은 에버노트를 활용)라는 것을 옆에 끼고 다니면서 하나씩 행동으로 옮기니 나는 어느 순간 실천가가 되어있었다. 책을 읽고, 책 속에서 받은 영감을 실천에 옮기는 작업은 내 삶을 변화시켜 주는 강력한 무기가 될 수 있었다.

3. 정회일 〈읽어야 산다〉

〈일독 일행 독서법〉과 마찬가지로 일상 속에서 실천의 힘이 얼마나 중요한지를 깨닫게 해준 책이다. 무엇보다 저자의 삶을 통해 고난을 극복하는 인내를 알 수 있었고, 현재의 내가 가진 소중한 일상의 축복을 느낄 수 있었다. 사람이 책을 만들고, 책이 사람을 만든다는 놀라운 진리를 조금씩 체험하게 되었다.

4. 이은대 〈내가 글을 쓰는 이유〉

글쓰기의 매력을 충분히 알 수 있었다. 내 일상 속 일어나는 모든 것들이 글감이 될 수 있음을 이 책을 통해 확신하게 됐다. 나도 저자와 똑같이 기록한다. 새벽에 일어나서, 퇴근 후 아이들 재우고 나서. 글을 쓰면 쓸수록 자아를 발견하는 놀라운 경험도 했다. 어떤 문제가 있을 때 그때의 심정을 글로 쓰니 내가 할 수 있는 것들이 보이기 시작했고, 무엇보다 글을 쓰면서 꾸준한 성찰을 통해 자존을 발견하는 자신을 만나게 될 것이다.

5. 송숙희 〈당신의 책을 가져라〉

이 책을 집어 든 순간 당신은 책 쓰기에 대한 세계에 빠지게 된다. 한 권의 책을 쓴다는 것이 우리에게 얼마나 큰 축제가 되는지를 경험하게 되고, 어느 순간 자신도 책상에 앉아 자신의 삶을 떠올리며 한자씩 쓰게 될 것이다. 그동안 보지 못했던 내 안에 있는 글을 쓴다는 것이, 책을 쓴다는 것이 얼마나 위대한 업적인지 알게 된다. 이 책의 저자는 이런 말을 한다. "책 쓰기란 당신의 삶에 다른 사람을 초대하는 것이다." 그렇다. 그 누구도 아닌 자신을 먼저 초대하게 되고, 이어서 다른 사람을 초대하는 나눔의 기쁨도 함께 누리게 된다.

6. 김민식 <매일 아침 써봤니?>

매일 아침 글을 쓰고 하루를 시작해본 사람은 알 것이다. 이 저자가 말하는 능동태 라이프의 삶을…. 하루를 시작하고 정리할 때 글을 쓴다는 것은 자신의 삶이 매우 가치가 있음을 스스로 자각하게 해주는 강력한 도구다. 비범한 삶이란 것은 따로 있는 것이 아니었다. 하루를 기록하고, 내 생각을 글로 표현하면서 자신의 삶에 자신감을 느끼는 순간 비범한 기록쟁이가 될 수 있다. 가장 쉽게 기록할 수 있는 것이 바로 블로그이다.

7. 강원국 <강원국의 글쓰기>

이 책을 한 문장으로 저자는 표현한다. "투명인간으로 살지 않으려면 내 글을 써야 한다." 이 강력한 한 줄은 가슴 깊이 새길 필요가 있다. 저자도 블로그가 매일 글을 쓰는 동력이라고 이야기를 한다. 학습, 연습, 습관 즉, 3습을 통해 글을 잘 쓰는 비결을 이 책 곳곳에서 강조하고 있다. 이 문장은 모두에게 통용되는 문장이다. "마음이 사람을 향하면 공감, 사물을 향하면 호기심, 사건을 향하면 문제의식, 미래를 향하면 통찰, 나를 향하면 성찰이 된다. 이 모두가 글감이 나오는 통로다. 이 가운데 하나를 꼽으라면 단연 공감이다. '사람'이 글쓰기의 가장 중요한 대상이기 때문이다."

8. 줄리아 카메론 〈아티스트 웨이〉

책에서 가장 강조한 것이 바로 이 책에서 강력하게 주장하는 '모닝 페이지'의 힘이었다. 앞서 이야기한 것처럼 나를 비롯한 수많은 사람은 이비 하루를 시삭할 때 글을 쓰고 시작함으로써 하루를 이기고 시작한다. 글을 통해 치유된 삶은 다른 사람들에게 가장 큰 희망의 메시지가 된다는 것을 알 수 있다. 이 책을 펼치는 순간 당신은 진정한 자기 삶의 예술적 길을 걸어가게 된다.

그 밖에도 글쓰기에 도움이 되는 책들은 정말 많다. 그런데 중요한 것은 바로 이것이다. 사람 책! 자신의 스토리가 곧 최고의 책이 된다.

자신의 삶을 글로 표현 지속해서 표현하면 '내 삶도 가치가 있구나.'를 느끼게 되고, 그 느낌은 당신을 글쟁이로 살아가게 하는 멋진 길을 열어준다. 다시 한번 강조한다. 최고의 책인 사람 책을 적극적으로 활용하라.

제2장

찍다, 쓰다

사진을 찍다. 그리고 쓴다

나는 스마트폰의 득을 크게 보고 있는 사람 중 한 명이다. 아침부터 저녁까지 줄곧 실행하는 앱이 하나 있는데 그것은 '캠 스캐너'다. 문서를 스캔하는 정도로만 사용했었는데 알찬 기능이 더 있었다. 날짜별대로 폴더를 만들어 준다는 점이다. 나는 책을 읽을 때라든지 여행 갔을 때, 일상생활 등 줄곧 이 앱을 사용한다. 하루에 평균 수십 장 사진을 찍는다. 교실, 집, 야외 할 것 없이 대부분 사진은 이 앱으로 찍는다. 찍고 나서 아이들이 모두 잠든 밤이나 새벽에 찍은 사진을 컴퓨터에 불러와서 하루의 일과를 정리한다.

밀알 이야기(밀알 반의 일상), 감사일기(하루 선물), 책 속의 명문장, 일상 속 의미 있는 일들 등 사진을 보면서 그 당시의 느낌이 고스란히 느껴져서 그를 통해 블로그에 글을 쓴다. 블로그에 사진이 들어간 글만 해도 3,500여 개가 넘을 정도로 이 앱의 효능을 톡톡히 보고 있다. 꼭 이 앱을 활용하지 않아도 된다. 사진은 순간의 의미를 담는 것이기에 어떤 것을 활용해도 괜찮다. 다만 아쉬운 것은 어떤 것을 기억하는데만 사진이 활용된다는 점이다. 기억만을 위한 사진이 아닌 사진 속에 담긴 의미를 꺼내는 글쓰기와 접목한다면 누구나 사진과 글이 어우러지는 멋진 의미 있는 글을 쓸 수 있다. 꾸준히 쓴다면 사진 에세이 작가로도 발전할 수 있는 것은 시간문제다.

주변에 사진을 전문적으로 찍는 사람들이 많은데 이들에게 찍은 사진과 자신만의 감성을 담은 글을 써보라고 권장한다. 이번 장은 '한 컷 공감'이라고 칭하고 싶다. 사진과 글이 어우러진 짧은 호흡의 글들이다. 블로그에 '한 컷 공감' 카테고리를 만들어 100개만 써보자 했는데 어느덧 훌쩍 넘었다. 퇴근하고 저녁에 집에 도착하면 나의 글감들이 즐비하다. 아이들이 이미 수많은 작품을 만들어서 나에게 가져와 재잘거린다. 그것을 잘 듣고 나는 또 글을 쓴다. 거창하지 않다. 아이들이 한 말을 그저 내 글 속에 옮겨 적는 것뿐이다. 그런데 놀라운 것은 아이들의 세계를 통해 내 삶에 큰 감동을 준다는 점이다. 이번 장은 육아 이야기를 주로 썼다. 아이들의 세계를 놓치지 않길 바란다. 일단 찍고, 생각을 글로 남기는 훈련을 한다면 글쓰기가 어느 때보다 삶을 뜨겁게 달아오르게 할 것이다. 그때 비로소 알게 된다.

의미는 영원히 기억된다

5월 1일 근로자의 날! 서울에 있는 한 중, 고등학교 120명 선생님을 대상으로 독서강연을 했다. 주제는 〈독서! 상상이 현실이 되는 마중물〉이었고 주관한 선생님께서 참석하는 교직원을 위해 광화문 전광판에 쓰인 다양한 문구를 커피에 붙여서 준비를 해주셨다. 그냥 커피로만 여길 수 있었던 것이 한 사람의 정성으로 인해 새롭게 의미가 더해지는 순간이었다. 의미를 부여하니 세상에서 하나뿐인, 간직하고 싶은 커피로 재탄생되었다.

> 가는 데까지 가거라 가다 막히면 앉아서 쉬어라. 쉬다 보면 새로운 길이 보이리
>
> – 김규동 〈해는 기울고〉(2005년 여름) 중에서

내가 받은 문구다. 버릴 수가 없다. 영원히 기억하고 싶다. 그냥 커피

가 아닌 세상을 담은 커피이기 때문에…. 어떤 것이든 의미가 더해지면 그것은 더욱 소중하게 된다는 것을 알게 되었기 때문이다. 김춘수 시인의 꽃이란 시구에 이런 말이 나오지 않던가! '내가 그의 이름을 불러주었을 때 그는 나에게로 와서 꽃이 되었다.'

사람마다 의미를 지닌다. 아이도 어른도 마찬가지. 모두 각자의 의미를 따라 살아간다는 것을 알게 되었다. 나에게 일상의 의미를 알려준 친구들….

- 2016년 2월 2일부터 시작된 밀알 이야기!
- 2016년 2월 4일에 깨닫게 된 사랑, 그리고 나의 일상의 소중함! 더 나아가 아이의 의미까지!

삶에 의미가 더해지면 영원히 기억된다. 독서, 교육, 신앙, 육아, 기록, 글쓰기 등 의미 있는 것이 삶에 새겨짐에 감사하는 순간이다.

나에게 생긴 사소한 습관

이 사진은 제주도에서 강연했던 김녕초등학교 동복분교장 후문 모습이다. 이것에 대한 짧은 글을 쓰다가 블로그에 임시저장을 한 뒤 까맣게 잊고 있었는데 블로그에 글을 쓰려고 임시저장 버튼을 누르니 사진이 떠서 생각을 다시 꺼내 본다. 블로그 덕분에 글쓰기가 좋은 세상이다.

나는 생각의 연결고리가 있을 때는 그 생각 장면을 잡기 위해 사진을 찍는 버릇이 생겼다. 물론 그 모든 것들을 기록할 수는 없지만, 시간이 날 때마다 생각한 것에 대해 한 줄이라도 남기기 위해 기록형 인간으로 변하는 중이다. 글과는 최대한 멀리 지내기 위해 30대 중반까지 도망 다니던 사람치고는 크나큰 발전이다. 또한, 주변을 더욱 관찰하게 되었다. 더 나아가 '왜 이렇게 만들어졌을까?', '어떤 의미가 담겨 있을까?', '여기에 이것은 왜 있지?' 등 의문에 대해 질문을 하기 시작했다. 김녕초 동복분교장에 놓인 돌하르방! 제주도이기 때문에 놓였겠지만 그렇다고 모든 학교에 돌하르방이 이렇게 크게 세워지진 않았을 터! 이것을 사진으로 남긴 것은 누구에게나 '의미 있는 삶'이 있음을 이야기하기 위함이다. 의미를 더하는 삶! 나는 그렇게 표현한다.

다른 집에 놀러 가면 거실에 놓인 것들을 하나하나 살펴본다. 그리곤 질문한다.

"이것은 무엇인가요?"

단 한 문장의 질문이 상대방으로부터 이야기보따리를 풀어주는 놀라운 힘이 있다. 나는 이것을 36살이 넘어서야 깨달았다. 관심을 표현한 질문에 상대방은 얼굴이 상기되어 이야기할 때가 많다. 거실에 걸린 것들 안에는 행복한, 즐거운 스토리가 대부분 담겨있기 때문이다. 아무거나 놓지 않는다. 자기 삶의 의미를 대변하는 것들을 주로 배치하곤 한다. 결혼사진들, 자녀가 자라온 사진들, 수놓은 액자 등 사람 수만큼 각양각색의 의미들이 집안 곳곳에 배치되어 있다. 몇 가지 이야기하다

보면 시간 가는 줄 모른다. 이때 나는 주로 질문하고 듣는 편이다. 상대방의 말에 귀를 기울이고 관심을 두니 나에 대해 호감을 표하기도 한다. 데일 카네기의 〈카네기 인간관계론〉이 바로 여기에서 발휘된다.

"진심으로 경청하는 태도는 우리가 다른 사람에게 보일 수 있는 최고의 찬사 가운데 하나이다."

누구에게나 삶을 살아가는데 나름의 '의미'가 있다는 것을 알게 된다. '관찰+의미'의 조합은 나의 생각력을 더욱 높여준다. 나의 무지를 깨닫게 되고 무엇보다 그 빈 곳을 가치 있는 것들로 채우고 싶은 욕구를 발휘한다. 이것을 글로 남겨 의미를 발현하니 글쓰기에 조금씩 빠져든다.

나는 오늘도 사람들의 의미를 찾아 나서는 탐정이다. 아니, 그 누구보다 내 삶의 의미를 찾아 나선다. 나는 아직도 할 말이 많다. 시간이 남을 때마다 이렇게 글을 쓰는 이유다. 쓰다 보니 알게 되었다. 내 삶도, 당신의 삶도 매우 의미가 있음을…

끊어내는 삶

열심히 동네를 뛰고 있었다. 순간 높다란 나무 앞에서 잠시 숨을 고르고 멈춰 있었다. 보이는 바와 같이 뿌리와 줄기만 남긴 채 가지들이 모두 쳐진 모습이었다. 앙상해 보여 을씨년스럽기까지 하다. 나는 이것을 보면서 다양한 생각이 들었다. 하루 24시간 동안에 무언가를 계속 연결하기 위해 애쓰는 것이 우리들의 모습이다. 같은 하루를 살아도 위인들과 성공자들은 일반 사람들과 달리 선택하고 집중하여 하루를 보낸다. 나는 그들의 삶을 본받길 바라며 하루를 살아간다. 그중 본받고 싶은 것 중 하나가 바로 끊어내는 삶이다.

생각해보면 쉽다. 내가 무언가를 이루기 위해 지금 하는 행위가 불필요한 것이라면 싹둑 끊어내는 것! 그렇다고 한 번에 그동안의 습관을 고치지는 못할 것이다. 물론 지금 하는 모든 것들은 결국 우리의 미래를 이끄는데 작용한다. 우리의 실수도, 넘어짐도, 아픔도, 기쁨도, 환희도, 행복함도 모두 다 미래의 자양분이 될 수 있다. 그런데도 우리는 삶의 가지를 쳐내야 하는 때를 만나게 된다.

나무의 가지를 치는 이유를 어느 분이 SNS에서 이렇게 표현하고 있다.

> "봄에 새로운 가지가 나오기 전에 묵은 가지를 잘라주어 풍성한 새잎과 가지를 만들기 위함이며 아울러 아름다운 수형을 유지하기 위함입니다. 가로수 각각의 특성이 있으므로 모든 가로수를 해마다 전지하는 것은 아니지만, 플라타너스는 해마다 전지가 필요한 손이 많이 가는 가로수이고 봄에 날리는 꽃가루가 알레르기 등을 유발해 점차 다른 수종으로 교체하고 있다고 합니다."

삶도 마찬가지다. 제때 가지를 쳐줘야 가치 있는 삶이 덧붙여서 새로운 가치로 풍성해진다. 나도 뒤를 돌아보니 살아가면서 다양한 가지를 쳤다.

- 게임중독 … 거짓말 … 게으름 … 무분별한 TV 시청 … 스마트폰 중독
- 그 외 수많은 나쁜 습관들 등

이런 가지들을 확고한 신념을 갖고 하나씩 쳐나가니 새로운 삶이 돋

아나는 것이다. 하우석 작가의 〈내 인생 5년 후〉에 이 끊어내는 삶에 대한 노스님의 이야기가 나온다. 그가 이야기하는 한 줄은 압권이었다.

'인생은 이어가는 것이 아니라 끊어가는 것'이다. 한 나라의 왕자로서 남부러울 것 없던 싯다르타가 익숙한 자신의 세계를 벗어던짐으로써 참된 자신의 세계를 만날 수 있었다. 그러니 이어가려 애쓰지 말고 단칼에 끊어내는 삶을 살아야 한다고 노스님은 이야기한다.

익숙한 세계를 벗어던지는 끊어내는 삶을 살아갈 때 진정한 자아의 에너지를 발견할 수 있다. 여기 지금부터 끊어내고 싶은 자신의 삶을 기록하고 실천하라. 그럼 변화는 반드시 따라온다.

일상을 남기는 일

집안에 이면지들이 가득하다. 책을 집필할 때 사용한 퇴고 과정이 고스란히 담긴 원고, 이면지들이다. 내 것도 있고, 아내 것도 있다. 그 뒷면을 활용해 아이들이 그림을 그리고, 낙서를 즐기곤 한다.

이번에는 색다르게 문장을 따라 쓴 우리 집 1호 하온이 작품이다. 갑자기 엄마에게 다가와 이런 말을 한다.

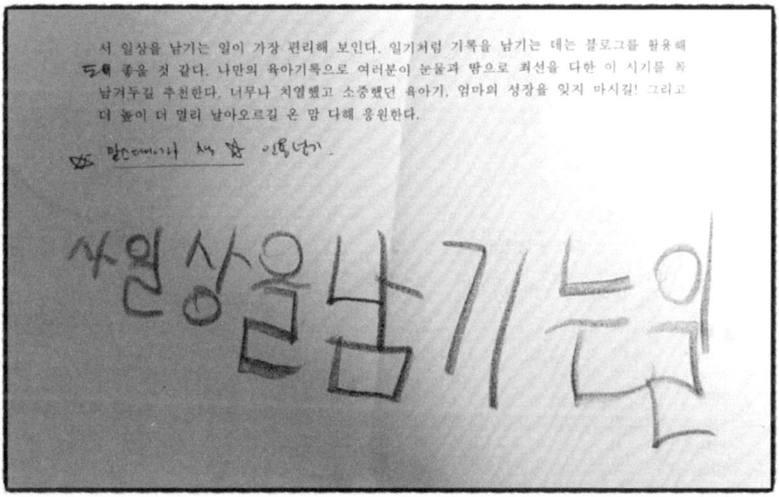

"엄마 이것 봐요. 제가 썼어요."

글자를 모르는 5살 친구가 쓴 것 치고는 훌륭하다.

자신의 삶을 소중히 여기는 태도를 보이는데 가장 단순하고 중요한 것이 바로 일상을 남기는 것이기에 나는 이날도 아이들의 관찰력에 놀라는 중이다. 남기면서 문득 깨닫게 된다.

'나의 일상도, 그 누구의 일상도 가치가 있다.'는 것을…. 어쩌면 그 자체만으로도 특별할지도 모른다는 것을…. 70억 인구 중 유일한 나 자신의 모습이기에.

누구나 가치 있는 일상을 살아간다면, 흔적을 남긴다면, 삶이 더욱 풍요로워질 것이다.

"하온아, 정말 잘 썼구나. 대단해요. 한번 아빠를 따라 해볼까? 일상을 남기는 일."

"일상을 남기는 일!"

"그래, 그렇게 우리 일상을 남기면서 오순도순 살아보자꾸나!"

아이와 나누는 하루하루가 재밌고 신난다. 이 느낌을 그대로 기록을 한다. 하루, 이틀…. 무수히 많은 이야기가 블로그에 담긴다. 나는 그것을 꺼내어 이렇게 책을 쓸 때 활용한다. 아이들과의 일상을 기록으로 남기니 육아를 통해 성장하는 나를 발견한다. 육아의 일상을 남기는 것은 나를 기르는 것이다. 그래서 이런 말이 있지 않은가. 육아(育兒)는 육아(育我)다.

요즘 7살 쌍둥이들도 자신의 일상을 기록으로 남긴다. 한 명은 그림으로, 한 명은 노래로 말이다. 하온이가 즉흥적으로 노래한다. 가사를 받아 적었다. 우리의 일상이 그대로 실려있는 세상에서 하나뿐인 노래가 완성되었다.

〈가족의 꿈〉

시온이는 그림 잘 그리고
하온이는 노래 잘하고
아빠는 기타 잘 치고
엄마는 공부 잘하고
생각해봐요. 나는 무엇을 잘하는지
말해봐요. 가족의 꿈을
생각해봐요. 나는 무엇을 좋아하는지
사랑하는 가족의 꿈을

〈가족의 꿈〉 노래

종이컵 전화기를 통해 알게 된 지혜 : 진정한 소통

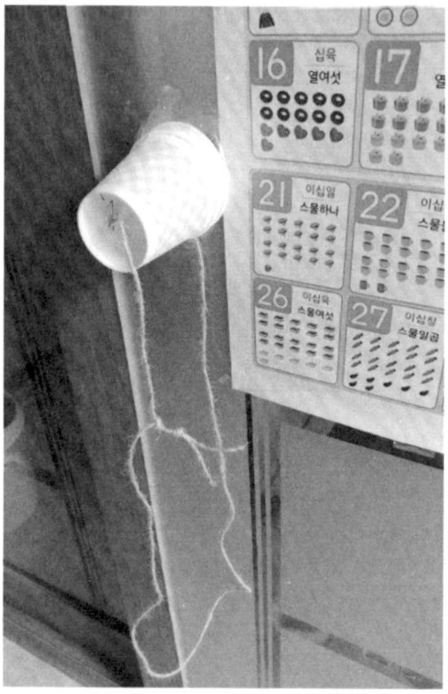

하온이가 종이컵 두 개와 노끈을 가져오더니 종이컵 전화기를 만들어 달라고 한다. 예전에 아내와 만든 기억이 있어서 재밌었다는 말과 함께….

"아빠, 꼭 만들어줘야 해요."

나름의 방법으로 만들어 준다. 처음에는 실을 느슨하게 했더니 소리 전달이 잘되지 않았다.

노끈을 팽팽하게 했더니, 하온이가 말하길

"아빠 엄청나게 크게 들려요."

노끈의 팽팽한 정도에 따라 소리가 들릴 수도 들리지 않을 수도 있다. 팽팽한 끈은 서로에게 집중된 경청력과 같다. 눈높이만 낮추는 형식적인 것이 아니라 진정 마주 봄으로써 주어지는 선물 같은 소통이다. 주파수가 맞으니 소통이 잘 된다. 아이와 이야기하며 때로는 주파수가 달라 전혀 전달되지 않을 때도 잦다. 이때는 주파수를 맞추기 위해 소통의 끈을 팽팽하게 해보는 것은 어떨까? 어른이 봤을 때는 느슨해진 소통의 노끈을 미처 모르고 지나칠 때가 많다. 이때 아이들은 떼쓰기로 어른들과 소통하기를 희망한다.

"마주 이야기 교육의 바탕에는 아이들에 대한 강한 믿음이 있습니다. 요즘은 어른들이 아이들 말을 들어주는 것이 아니라 아이들이 오히려 어른들 말을 들어주는 처지에 있습니다. 교육이라는 이름으로 어른들만 말하고 아이들은 듣기만 합니다. 때로는 말을 안 듣는다고 야단도 많이 맞습니다.

이런 때에, 아이들 말을 들어 주고 또 들어주는 마주 이야기 교육은 매우 중요합니다. 이것은 아이들에 대한 강한 믿음 없이는 가능하지 않습니다. '들어주기'는 아이의 능동성과 생명력을 믿고, 그것을 교육의 시작으로 삼고자 하는 겸손한 교육입니다." 박문희 작가의 〈마주 이야기, 아이는 들어주는 만큼 자란다〉에 나오는 이야기다. 진정한 소통은 바로 이 마주 이야기를 통해 드러난다. 아이들의 그 순수함을 배우기 위해 이 구절을 꼭 기억한다.

육아가 재밌어지는 시점이 있다. 아이들과 함께하는 일상, 즉 마주 이야기를 기록하기 시작하면서부터다. 아이들과 함께한 하루가 글이 되고, 글이 곧 삶이 된다. 기록과 함께하는 삶은 아이들과 진정으로 소통하는 놀라운 수단이 된다.

아이들의 성취감
: 왼손은 거들뿐

어느 날부터 놀이터에 가면 쌍둥이들이 그네에 앉아 이런 말을 한다.

“아빠 꽈배기 해주세요.”

“더 많이 꽈주세요.”

“응 그래. 이 정도면 되겠어?”

“와~~~”

쌍둥이라서 한쪽 해주고, 다른 한쪽 해주고를 반복하다가 타이밍을 놓쳐서 시온이를 두 번 연속해주기도 한다. 그 사이 하온이가 무언가를 열심히 애쓰고 있는 모습이 역력하다.

대략 이런 순서를 갖고 임했다.

1. 스스로 혼자서 그넷줄을 꽈보더니

2. 점프해서 그네에 앉고

3. 꽈배기가 풀리면서 빙글빙글 돌면서 좋아한다.

"아빠! 나 혼자서 했어요. 보세요! 짜잔~"

나는 이런 장면을 보면서 아이들의 세계로부터 경탄(몹시 놀라고 감탄함)하곤 한다. 아이들은 이렇게 스스로 깨닫는 과정, 즉 성장의 기쁨을 누리기 때문이다. 나는 모든 것을 해주기보다는 아이들이 생각하고 노력해서 성취감을 얻을 수 있도록 조금 거드는 것을 좋아한다. 학창시절 책가방 속에 한 권씩은 갖고 다녔던 농구 만화 〈슬램덩크〉에서 강백호가 전국대회에서 최강의 전력을 자랑하던 고등학교와의 경기가 생각난다. 접전을 거듭하는 경기의 하이라이트인, 마지막 버저비터 슛을 쏠 때 '왼손은 거들뿐'이라 말한다. 농구에서 슛을 쏠 때 던지는 오른손이 주이고 공을 받쳐주는 왼손은 보조임을 의미하는 말이다. 즉 나는 아이들을 보조하는 왼손이 되고, 아이들은 스스로 행동하는 오른손이 되는 것이다. 이때 느끼는 성취감은 나와 아이들에게 성장의 밑거름과 소통

출처: 만화책 〈슬램덩크〉

의 요소가 된다.

육아휴직 기간에 육아지침서를 다수 탐독했다. 이때 수많은 육아 고수들이 한목소리로 외치는 것이 있었다. 왼손(부모의 역할)은 거들어라. 오른손(아이의 역할)이 스스로 할 수 있도록 이는 심리학자 비고츠기의 인접발달이론의 '근접발달기' 개념으로 이야기할 수 있다.

> 근접발달기는 어른의 도움을 받으면서 학습과제를 완수할 수 있는 범위를 말한다. 아이는 편안한 상태에서 지식을 갖춘 성인의 도움을 받으며 학습에 임할 때 가장 높은 성취도를 보인다.
>
> – 최희수 〈내면 여행〉 중에서

아이들이 성취감을 느낄 수 있는 최대한의 근접발달 영역까지 도와준다. 이에 성공하기 위해서는 높은 관심, 관찰이 선행되어야 가능하다. 모든 상황에서 이것을 적용할 수 없겠지만, 아이가 성취감을 느낄 수 있도록 조금 거들어 주는 행위는 자녀와 부모와의 관계를 이어주는 연결고리가 된다. 이런 배려심과 사랑으로 자녀의 모습을 기억하여 근접발달영역이 필요할 때 '그저 거드는 왼손'의 역할을 앞으로도 해주고 싶다.

아이들은 사는 것을 배운다

이른 아침 시온이가 나에게 이야기를 한다.

"아빠, 어때요? 아빠와 똑같지요? 내가 봐도 넘 잘한 것 같아!"

"그……. 그러네^^;;"

정말 내 얼굴이 아이들이 보기에도 네모나다고 생각하는 것 같다. 나에 대한 그림을 그릴 때 항상 네모로 그리는 둥이들이다. 얼굴은 네모나도 마음만은 둥글게 살아야겠다는 다짐을 해본다. 이렇게 아이들과 함께하는 시간을 통해 미국의 교육학자 도로시의 〈아이들은 사는 것을 배운다〉의 시가 떠오른다. 가족을 사랑하는, 세상을 사랑하는 우리 둥이들이 되기를 소망하는 마음으로 시를 읽어본다.

만일 아이가 나무람 속에서 자라면 비난을 배웁니다.
만일 아이가 적개심 속에서 자라면 싸우는 것을 배웁니다.
만일 아이가 비웃음 속에서 자라면 부끄러움을 배웁니다.
만일 아이가 수치심 속에서 자라면 죄의식을 배웁니다.
만일 아이가 관대함 속에서 자라면 신뢰를 배웁니다.
만일 아이가 격려 속에서 자라면 고마움을 배웁니다.
만일 아이가 공평함 속에서 자라면 정의를 배웁니다.
만일 아이가 인정 속에서 자라면 자기 자신을 좋아하는 것을 배웁니다.
만일 아이가 받아들임과 우정 속에서 자라면 세상에서 사랑을 배우게 됩니다.

– 미국의 교육학자 도로시 〈아이들은 사는 것을 배운다〉

고라니 구출작전
: 따뜻한 감성을 지닌 아이

집에 일찍 퇴근하고 오니 시온이가 무언가를 열중하여 그리고 있다. 동물을 안고 있고, 동물병원을 그리고 있는 모습, 뭘까 궁금하다.

"아빠, 고양이가~~~ 차에 치여서~~~"

처음에는 고양이, 고양이 하길래 인근 고양이가 다쳤나 보다 생각했다. 아내에게 물어보니 고양이가 아닌 고라니였다. 상황은 이랬다. 아이들이 유치원을 마치고 집으로 돌아오는 하굣길에서 고라니가 차에 치였는지 길에서 죽어가는 장면을 목격했다고 한다. 차를 타고 고라니를 스쳐 지나갈 때 아직 살아있는 것 같아서 오는 길 '동물보호연합회'에 전화해서 구조 요청을 했다는 이야기까지…. 집에 도착하고도 마음이 쓰였는지 아내에게 시온이가 한 가지 제안한다.

"엄마, 우리 고라니 치료받고 구조된 것 그림으로 그려줘요."

아내가 고라니를 품에 안고 있는 그림을 연필로 그려주니 나머지는 시온이가 색칠과 디테일한 병원 표현까지 완성한 합작품이다.

해피엔딩으로 마치는 '고라니 구출작전'이었다. 6살 아이의 따뜻한 감성이 마흔 살 어른의 마음을 적시는 순간이다. 얼마나 많은 감성을 잊고 살았는지. 진정한 공감이란 바로 이런 것이 아닌가 생각된다.

나와는 별개의 세상이 아닌 나와 관계있는 세상으로 끌어들이는 감성. 이것이야말로 눈높이만 낮추는 것이 아니라 서로 마주하는 것이고 진짜 공감을 불러일으키는 것이다. 아이들 모두 감성이 풍부한 사람으로 성장하도록 공감하는 어른으로 남고 싶다.

원을 좋아하는 아이

아이들이 노는 모습을 보면서 놀라운 순간을 발견하기도 한다. 시온이가 집에 있는 작은 장난감을 꺼내어 원으로 배치한 의자에 앉히고 선생님과 학생 역할 놀이는 하는 것이었다. 이는 학교 현장에서도 서로 바라보는 모임활동인데 발표할 때나 회의를 할 때나 다양한 놀이를 할 때 주로 활용한다. 서로 마주 보고, 서로의 말에 귀를 기울이는 매우 중요한 활동을 시온이가 본능적으로 알고 있는 눈치다. 장난감 친구들이 서로

원을 만들어 마주 보고 있는 모습이 참으로 인상적이었다.

남아프리카 줄루족의 인사말인 우분투(UBUNTU)는 "당신이 있기에 내가 있습니다."라는 의미가 있다. 원은 우분투 정신을 나타내는 기본모형이다. 그저 듣는 것만으로도 큰 위안이 된다. 놀이할 때, 장점 포스터 발표할 때, 마니토 발표할 때, 학급에 내재한 문제를 해결할 때, '좋아바'(좋았던 점, 아쉬웠던 점, 바라는 점) 회의를 할 때 등 학급의 성장을 위해 모임을 활용한다. 원은 공감을 지닌 마음의 대변인이다.

나와 함께 한 밀알 반 15기 친구들이다. 한 주간을 마무리할 때마다 우리는 이렇게 서로를 바라보고 이야기를 나눈다. 원의 힘을 믿는다. 서로를 배려하고 하나가 되는 멋진 원의 힘을 말이다.

세상에 하나뿐인 달력

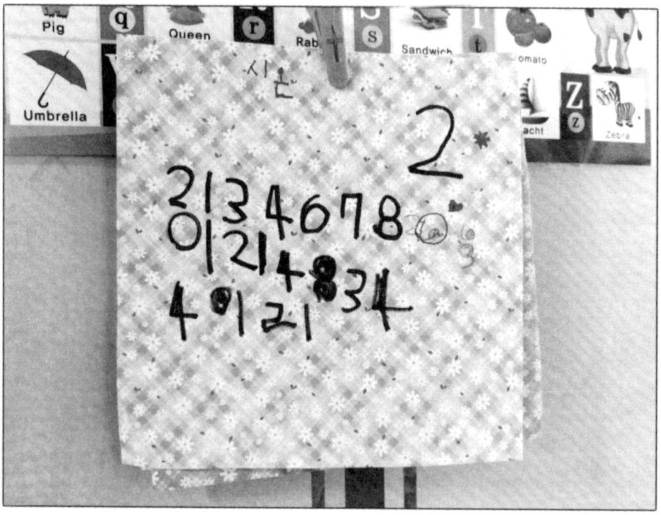

큰 색종이가 있다. 시온이가 무언가를 쓰고 있다.

"엄마, ○○ 다음에 숫자가 뭐예요?"

이런저런 질문을 하면서 무언가를 만든다. 흔히 있는 아이들과 함께 하는 모습이다. 무언가 완성이 되었다.

"이게 뭐야?"

"어! 달력! 오늘은 2월이야."

"그렇구나. 달력이구나. 너무나 멋진걸!"

자녀와 소통하는 순간 김종원 작가의 〈부모 인문학 수업〉에서 만난 어린 톨스토이의 빨간 토끼 이야기가 생각났다.

> 하루는 어린 톨스토이가 그림을 그리고 있었다.
> "톨스토이, 뭘 그리고 있니?"
> 주변 어른이 하나둘 몰려오며 묻더니, 그림을 보며 크게 웃었다. 빨간색으로 토끼를 그려놓은 것을 보았기 때문이다.
> "얘야, 세상에 빨간 토끼가 어디 있니?"
> 그러자 톨스토이는 당당한 표정으로 이렇게 답했다.
> "세상에는 없지만 제 그림 속에는 있어요."

아이들의 세계는 무궁무진하다. 그들의 생각 속에는 없는 것이 없을 정도로 상상력이 풍부하다. 부모로서 자녀들의 무한한 상상력에 힘을 실어주고 싶다. 미래학자 버크민스터 풀러는 모든 아이는 천재로 태어나지만, 불행하게도 그중 99.9%의 아이들은 태어나자마자 부모와 주위 환경으로부터 자신의 천재성을 박탈당하기 시작한다고 주장한다. 이 말을 흘려듣지 않길 바란다. 천재성을 박탈하는 어른이 되고 싶지는 않다. 오히려 그 천재성을 지켜주고 발전시켜 주고 싶은 것이 부모의 마음이다. 아이들의 천재적인 상상력을 뜨겁게 응원한다.

세상을 새롭게 보는 눈
#1. 안경이 가져다준 교훈

쌍둥이 중 히온이는 외사시가 있다. 사시는 두 눈이 정렬되지 않고 서로 다른 지점을 바라보는 시력 장애다. 나는 인식 못 했는데 나중에 어머니와 아내 등 많은 사람이 하온이의 눈을 보고 고개를 갸우뚱해서 안과 가서 진료를 받게 되었다. 서울에 있는 S 병원에서 진료를 보고 외사시라는 것을 알게 되었다. 그때 그곳을 가니 사시를 앓고 있는 아이들이 많다는 것을 알게 되었다.

'그래도 우리 애는 심한 편에 속하지는 않구나!'

하고 안심하면서도 수술하면 된다는 말에 조금 흔들렸다.

'아직 4살밖에 되지 않았는데….'

시간은 있으니 지켜보고 수술은 차후 결정하기로 했다. 무더위가 한창인 여름, 하온이의 시력을 확인하기 위해 주변 안과를 다녀왔다. 서울 큰 병원에 비하면 작은 안과였지만 규모, 시설, 의료 면에서 신뢰가 갔다. 역시 진료결과는 외사시와 난시! 그와 동시에 희망적인 말도 함께 주었다. 6개월이 지나 다시 그곳을 방문했다. 하온이도, 시온이도 함께 시력을 측정할 겸 가족이 함께 향했다. 중요한 것은 8살까지 정상 시력으로 회복돼야 하는데 아직 회복속도가 늦다는 것이다. 당시 2년이란 시간이 주어졌으니 지속해서 검진받으면서 조금씩 회복하면 된다는 말씀도 덧붙여주었다. 그로 인한 1차 처방은 안경을 쓰는 것이었다.

눈의 회복력을 돕기 위함이니 2년 동안 잘 쓰고 벗으면 될 것이라는 희망이 보인다. 부모의 안타까운 시각과는 달리 새로운 경험을 하는 아이들의 설렘에는 미소가 가득하다. 이 안경, 저 안경을 써보면서 자신에게 맞는 스타일을 찾느라 분주한 모습이다. 드디어 찾았다.

서로 마주 보며 웃는다. 안경을 모두 맞추고 알을 끼우고 닦는 사이 시온이가 귀여운 표정을 지으며 이런 말을 한다.

"아! 안경이 없으니 잘 보이지 않네."

이제껏 잘만 보았던 시온이가 적재적소에 이런 농담도 할 줄 아는 아이로 어느덧 큰 것이다. 안경을 통해 새로운 세계를 더 자세히 볼 수 있는 쌍둥이들을 축복하며 기념사진 한 컷 남겨본다.

나는 날마다 새로운 마음의 안경을 낀다. 자고 일어나 창으로 비친 햇살만 봐도 빛깔이 매일 다르다. 출근길에 만나는 사람들의 모습도, 주변에 핀 꽃도, 향기도 어제와 똑같은 일상이 없는 하루하루다. 오늘은 빨간색으로 바라보기도 하고, 내일은 파란색의 눈으로 일상을 바라보기도 한다. 그래서 그런지 하루하루가 새롭다. 이런 느낌이 들 때부터 나는 매일 행복했다. 지루하지 않은 하루하루의 모습에 순간 드는 생각을 글로 남긴다.

그래 맞다. 내가 어떤 안경을 쓰고 세상을 바라보느냐에 따라 마음가짐도 행동거지도 바뀌게 된다. 아이들이 안경을 씀으로써 바라보는 하늘은 어쩌면 그전에 볼 수 없었던 푸르고 푸른 하늘의 모습일는지 모른다. 문제가 있을 때마다 긍정으로 바라볼 수 있는 나만의 안경을 착용함으로써 삶을 풍요롭게 바라봐야겠다.

세상을 새롭게 보는 눈
#2. 뻥튀기 구멍이 가져다준 지혜

당진 삽교호 함상 공원을 다녀왔다. 오랜만에 보는 물이라서 반가운 마음이 가득하다. 입이 심심할 것 같아 간단한 먹거리로 뻥튀기를 준비했다. 하온이가 엄지손가락으로 구멍을 뚫었다. 조금씩, 조금씩. 순간 그 구멍으로 뭐가 보이는지 궁금해서 잠시 하온이에게 빌렸다. 눈을 갔다 대니 놀랍게도 활짝 웃고 있는 시온이가 보인다. 구멍 안에 보이는 시온이의 모습이 들판에서 즐겁게 뛰어다니는 강아지처럼 천진난만이라는 글자가 이마에 쓰여있는 것 같다.

어떤 관점을 갖고 바라보느냐에 따라서 세상은 좋을 수도 나쁠 수도 있다. 내가 세상을 부정적으로 바라보면 매사 불평이 가득하지만, 긍정적으로 바라보면 매사 감사가 가득하다. 하물며 작은 세상인 교실 속 모습은 어떠한가. 교사인 내 관점이 어느 때보다 중요한 이유다.

> 교실에서 가장 무서운 편견은 정작 교사인 나 자신이 쓰고 있는 색안경이라는 것을 깨달았다는 것이다. 나는 이 아이들은 통해 세상에 어떤 아이도 특별하지 않은 아이는 없다는 것을 깨달았다.
>
> – 김성효 〈선생 하기 싫은 날〉 중에서

교실에서 아이를 바라보는 색안경도 마찬가지. 교사인 내가 아이들을 어떠한 관점으로 바라보느냐에 따라 문제아로, 아니면 개성이 강한 아이로 비칠 수 있다. 다양한 안경을 갖출 필요성이 있다. 그래야 정형화된 나만의 틀이 아닌 다양한 틀을 통해 다른 이들을, 다른 세상을 이해할 수 있는 폭이 넓어지기 때문이다. 뻥튀기 구멍이 가져다준 또 다른 세상의 모습은 나의 시각을 확장한다.

제3장

진짜 교육은 글쓰기로 시작된다

교실이 변하지 않는 진짜 이유

이제 교직경력이 16년 차, 10년까지는 별다른 특징 없이 여기저기 자료를 베껴서 하루하루 전전긍긍하며 지냈다. 그렇기에 누군가가 나에게 "선생님의 학급 특색이 있다면 무엇인가요?"라고 질문을 한다면, "글쎄요. 아직도 부족해서요. 잘 모르겠어요."라고 대답했을 것이다.

그때는 잘 몰랐다. 열심히 연수받고, 책 읽고, 배우고 하면 교실이 변할 줄 알았다. 하지만 가장 핵심적인 것을 놓치고 있었다.

지난겨울 특별한 선생님을 인터뷰했다. 아이들과 틱톡도 하고 다양한 활동을 통해 행복한 교실을 이끌어가고 있는 최창진 선생님이다. 선생님과는 2017년부터 인연을 맺고 있었다. 다양한 SNS 채널을 통해 성장하는 선생님의 모습을 보며 내심 흐뭇했다. 그때와는 달리 최근에 만난 선생님의 모습은 교육자로서도 더욱 성숙한 모습이었다. '언제부터였을까?' 선생님의 교육적 터닝포인트가 궁금하여 인터뷰를 요청했고, 함께 3시간 넘도록 다양한 주제로 이야기했다. 그중 기억에 남은 것이 이 질문이다.

"선생님의 교육적 터닝포인트 시점은 언제인가요?"

“교단 일기를 쓴 때입니다.”

2018년부터 매일매일 교단 일기를 쓰고 있는 선생님께서는 그때부터 교실이 바뀌었다고 말한다. 사실, 이 이야기는 연수를 이끄는 대부분 강사가 이야기를 한 부분이다.

“여러분, 기록하세요. 기록은 정말 중요합니다.”

하지만 많은 사람이 연수를 받은 강당을 나가는 순간 연수는 연수요, 삶은 삶이라는 태도를 지니며 살아간다. 기록하는 것이 좋은 것을 알고 있는데 그것을 실천하는 사람들은 드물었다. 최창진 선생님은 기록을 실천한 것이다. 하루하루를 기록하다 보니 매일 이뤄지는 교실 속 모습은 숙제가 아닌 축제로 변해있었다. 아이들을 좀 더 관찰하게 되고, 아이들의 작품을 관심 두고 보게 되었으며, 무엇보다 기록하면서 성장하는 자신의 모습도 보게 된다. 이런 일련의 과정들은 나 역시 겪어봤기 때문에 주변에 함께 기록하자고 이야기를 해도 대부분 하루하루 살아내기 바쁘다는 이유로 기록을 등한시한다. 성장하는 교실을 엿보니 빠지지 않던 것이 바로 기록이었다.

이 장에서는 교육적 기록에 관한 이야기를 하고자 한다. 단순히 사실적 기록이 아닌 내 생각이 들어간 기록, 곧 글쓰기였다. 2016년부터 밀알 이야기를 작성했다. 아이들의 삶을 하나씩 기록해본 것이다. 그때 내가 느낀 감정은 놀라움 그 자체였다. 기록을 통해 아이들의 생각과 행동이 현미경을 통해서만 보이는 세포의 모습처럼 보이기 시작한 것이었다. 기록은 결국 축복의 통로다. 그 통로를 거친 자는 반드시 매일 성장하는 삶을 살아가는 경험을 한다. 그 경험은 곧 글이 되고 삶이 되어 누군가에게 나누기 위한 형태로 블로그나 책이나, 다양한 채널로 공유된다.

자! 이제 잠자고 있는 당신의 교실을 생산적으로 바꿀 수 있는 비법을 알게 되었다. 기록하고, 기록하고, 또 기록하면 된다. 그것은 결국 글이 되어 생동감 있는 에너지가 될 것이다.

인생 첫 번째 멘토가 되다

기다리던 겨울 방학을 맞이한다. 그 어느 때보다 열심히 살아온 한 해였기에, 아이들과 작별인사하는 것이 아쉬웠다. 유종의 미를 거둔, 이날 졸업식 행사 진행으로 분주했고, 행사를 잘 마치고 숨 좀 돌리기 위해 자리에 앉았을 때, 한 친구의 편지가 있었다. 한 자 한 자 읽어본다.

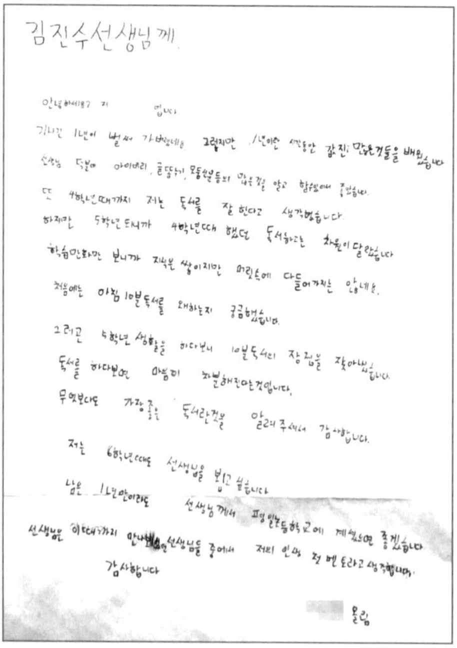
김진수선생님께

안녕하세요? 저 입니다

기나긴 1년이 벌써 가버렸네요 그렇지만 1년이란 시간동안 값진 많은것들을 배웠습니다

선생님 덕분에 아이디어, 글똥누기, 모둠선생들의 많은것을 알고 함께에서 즐겼습니다.

또 4학년때까지 저는 독서를 잘 한다고 생각했습니다.

하지만 5학년 되니까 4학년때 했던 독서하고는 차원이 달랐습니다

학습만화만 보니까 지식은 쌓이지만 머릿속에 다 들어가지는 않네요.

처음에는 아침 10분독서를 왜하는지 궁금했습니다.

그러고 5학년 생활을 하다보니 10분독서의 장점을 찾아냈습니다.

독서를 하다보면 마음이 차분해진다는것입니다.

무엇보다 가장 좋은 독서란것을 알려주셔서 감사합니다.

저는 6학년때도 선생님을 뵙고 싶습니다

남은 1년만이라도 선생님께서 [illegible]초등학교에 계셨으면 좋겠습니다

선생님은 이때까지 만나뵌 선생님들 중에서 저의 인생 첫 멘토라고 생각합니다.

감사합니다

올림

안녕하세요. 저 승민입니다. 기나긴 1년이 벌써 가버렸네요. 그렇지만 1년이란 시간 동안 값진 많은 것들을 배웠습니다. 선생님 덕분에 아이비 리, 글 똥 누기, 모둠 신문 등의 많은 것을 알고 할 수 있어서 좋았습니다. 또 4학년 때까지 저는 독서를 잘한다고 생각했습니다. 하지만 5학년 되니까 4학년 때 했던 책을 읽고는 차원이 달랐습니다. 학습 만화만 보니까 지식은 쌓이지만, 머릿속에 다 들어가지는 않네요.

처음에는 아침 10분 독서를 왜 하는지 궁금했습니다. 그러곤 5학년 생활을 하다 보니 10분 독서의 장점을 찾아냈습니다. 독서를 하다 보면 마음이 차분해진다는 것입니다. 무엇보다도 가장 좋은 독서란 것을 알려 주셔서 감사합니다. 저는 6학년 때도 선생님을 뵙고 싶습니다. 남은 1년 만이라도 선생님께서 본교에 계셨으면 좋겠습니다. 선생님은 이때까지 만나 뵈었던 선생님 중에서 저의 인생 첫 멘토라고 생각합니다. 감사합니다.

– 승민 올림 –

이 친구에게 뜻깊은 한해였음이 느껴진다. 뜻깊은 편지다. 이 편지 하나에 1년간의 노고가 싹 씻기는 듯하다. 친구의 말처럼 더 멋진 삶으로 보답하는 사람이 되겠다는 마음으로 답문을 보낸다.

승민아! 편지 고맙구나. 인생 첫 멘토라고 생각해주니 더욱 감사하구나.

선생님도 네 덕분에 즐겁고 행복한 한 해를 보낼 수 있었다. 진심이다. 네가 가진 성실함은 그 누구도 흉내 내지 못할 귀한 가치가 있단다. 선생님이 언제나 이야기했던 지속적인 열정을 누구보다 잘 이해하고 있는 승민이! 앞으로의 미래가 기대된다. 네가 가진 장점을 토대로 다른 친구들에게, 사람들에게 영향력 있는 삶을 살아갈 모습을 뜨겁게 응원한다.

6학년이 되어서도 매일 성장하는 삶, 파이팅이야! 방학 잘 보내렴!

* 승민이와 6학년도 함께 지내게 되어 2년간 함께 동고동락하는 행운을 누렸다.

한 친구의 책상화

> 교사가 된다는 것의 최고의 매력은 교직이 중요한 일이며 특히 학생에게 변화를 가져온다는 점이다. 교직이 어려운 이유는 단 하루도 빠짐없이 중요하기 때문이다.
>
> – 토드 휘태커

나는 그 무엇보다 습관의 힘을 믿는다. 습관 하나를 잡는 것이 삶의 방향을 결정하는 핵심이라고 생각한다. 하지만 습관 잡기는 쉽지 않다. 그렇지만 하나만 제대로 잡아도 그 성취감으로 인해 자신의 가능성을 믿게 되고 다른 습관을 들이는데 어려움이 덜해진다. 생산적이고 가치 있는 습관이 계속해서 덧붙여지는 현상으로 삶은 좀 더 풍요로워진다.

나는 일상이란 말을 좋아한다. 어느 순간부터 다가온 내 일상이 아름답게 느껴지니 교실에서 만나는 아이들의 모습도 참으로 아름답다고 느껴진다. 아름다운 사람들이 한곳에 있으니 그 광경이 어찌 그리 아름다운지 모르겠다. 서로 모난 부분은 조금씩 깎아내면 되고 부족한 부분은 서로 채워주면서 함께 성장하는 성장공동체이다. 그것을 가능케 하는 힘은 교실 속 일상을 대하는 핵심 습관에 달려있다.

하루하루의 중요함을 깨닫고 아이들과 소통의 장을 마련하면 함께 성장할 수 있는 귀한 시간이 된다. 아이들의 일상을 어떻게 대해 주느냐에 따라 때로는 귀한 일상이 되어 가치를 만들기도 하고, 그렇지 않으면 잊히는 아까운 일상이 되기도 한다. 교사뿐이면 그나마 낫지만, 아이들의 마음도 함께 지워지기 때문에 교직이 힘든 것이다. 일상을 지우지 않고 오히려 일상에 밝은 색칠까지 해주고 싶다.

밀알 반 14기 친구가 방과 후 교실에 와서 책상 위에 그림을 그린다.

친구와 삶 이야기를 나누고 간 책상 위에 비친 마음의 선들! 그림에서 말하듯이 아이들의 소중한 마음이 지워지지 않도록 아이들의 일상을 소중하게 간직하고 싶다.

나는 아이를 교육하는가 vs 조종하는가?

> 교육의 반대는 조종이다. 조종은 어른 스스로 아이의 잠재력을 성장시킬 수 있는 자신감이 부족하고 어른이 지도해야 아이가 정상적으로 발전할 수 있다고 믿는 데서 비롯된다. 하지만 이렇게 조종하는 것은 잘못이다.
>
> – 에리히 프롬

자녀를 사랑한다는 명목으로, 아이들을 사랑한다는 명목으로 그 앞에 놓인 장애물을 모두 치워주고 꽃길만 걷게 하는 어른을 종종 보곤 한다. 중요한 것은 아이들도 그 장애물을 극복할 수 있는 능력이 있다는 점이다. 갓난아이가 수많은 넘어짐과 일어섬의 반복을 통해 걷는 형상만 보아도 이를 알 수 있다. 태어나 바로 걷는 사람은 없으니까.

개인적으로 육아서와 교육서를 수시로 봐야 한다고 생각한다. 유아와 좀 더 큰 어린이들의 마음을 조금이나마 알 수 있기 때문이다. 무언가를 해줘야 교육이 이뤄지는 것이 아닌 이미 가진 아이들의 능력을 믿고 함께 소통하며 그것을 끌어내는 힘! 그것이 교육의 힘이 아닌지 생각해본다.

'배고픈 사람에게는 물고기를 주는 것보다 물고기를 잡는 방법을 가르쳐 주는 것이 훨씬 낫다.' 유대인들의 지혜이자 삶의 핵심이다. 물고기를 잡는 방법! 그것은 곧 인간으로서 언제나 맞닥뜨리는 문제 해결의 코어다. 이 글귀를 만난 이후 아이들을 바라보는 내 시각을 수정할 수 있었다. 그전까지는 부족한 아이들에게 무언가를 넣어주기 바빴었는데 그 시점부터는 아이들의 잠재력을 믿고, 함께 소통하게 되었다.

책 속에서 만난 갈릴레오 갈릴레이의 말에서 나는 눈을 뗄 수가 없었다. '우리는 누구에게 그 어떤 것도 가르쳐 줄 수 없다. 단지 자신 안에서 그것을 발견하도록 도울 수 있을 뿐이다.' '발견이라….' 곰곰이 생각하면 나 자신도 그런 발견을 해본 적이 없었다. 그래서 그동안의 내 교육이 내가 경험한 것대로 답습할 수밖에 없었구나! 내가 그런 발견을 한 적이 없으니.

머리를 강타하는 주옥같은 문장을 한 번 더 만난다. '유치원생이 글을 읽기 시작하면 부모는 크게 흥분해서 친척들에게까지 전화를 걸어 이 큰 뉴스를 전하고, 선생님 역시 즐거워하며 아이를 칭찬하지요. 그러면 그 아이는 이제 누가 시키지 않아도 자기 혼자 알아서 더 많은 단어를 익히려고 애를 쓰게 됩니다. 약간의 독립심이 생겨나는 거지요. 이런 과정은 아이가 단어를 읽는 것에서 문장을 읽는 것으로 발전할 때까지 계속됩니다. 그런데 문제는, 아이가 자라날수록 선생님이나 부모님이 해주는 칭찬이 줄어든다는 거예요. 선생님이나 부모는 이제 칭찬을 해주기 전에 무언가가 완벽해지기를 기다리는 실수를 범하고 말지요.' 스펜서 존슨 〈멘토〉에서 나온 말이다.

아이들에게 그동안 지속해서 넘어지고 일어날 기회를 제공하지 못했던 나 자신이 부끄러워지는 순간이었으며 관점을 달리 바꾸는 순간이었다. 아이들에게 기회를 제공하고, 나 역시, 내 삶에서, 수많은 넘어짐과 일어섬의 반복을 기다려주는 인내심이 조금씩 생기게 되었다. 조급해하지 않고 기다려주니 놀랍게도 아이, 어른 할 것 없이 모두 기대 이상으로 성장하는 모습을 볼 수 있었다. 나 자신도 마찬가지였다. 드디어 링컨의 말을 조금은 이해가 되었다. '사랑하는 사람에게 할 수 있는 가장 나쁜 일은 바로 그들이 할 수 있고 해야 할 일을 대신에 해주는 것이다.'

에리히 프롬, 스펜서 존슨, 링컨 모두 사랑하는 아이에게 줄 수 있는 귀한 선물이 무엇임을 아는 자들이었다. 그들처럼 진정성을 갖고 교육하는 자가 될 수 있도록 노력에 노력을 더하고 싶다.

한 친구가 알림장에 그림을 그렸다. 이런 창의력을 키워주는 것이 교육이겠지. 아이 스스로 내면의 빛을 밝힐 수 있는 그런 교육자의 길을 가야겠다.

아이의 마음을 얻어라. 그다음에 가르쳐라

교직 10년 차 이벤트성 수업이 종종 이뤄졌지만, 우리 학급만의 큰 특징을 발견할 수는 없었다. 아이들에게 좋은 습관을 꾸준히 유지하는 것이 어렵고 힘든 일임을 알았기에 좋은 것이 좋다는 식으로 시간을 보내곤 했다.

하지만 훌륭한 선생님(허승환, 이영근, 정유진, 서준호, 김성효, 김성현, 나승빈, 이재풍, 전상현 선생님 등)들의 책을 읽고 원격연수, 만남 등을 통해 그 철학을 꼼꼼히 살펴보는 것으로 공부하며 내가 학급을 운영하며 갖지 못한 부분을 발견했다. 그것은 일관성이었다.

생각하면 그동안 열심히 한다고는 했는데 제풀에 지쳐서, 우리 반만의 무언가를 꾸준히 하지는 못했다. 콕 집어서 '우리 반은 이런 반이다'라는 명제를 정의하지 못했다. '일관성이 필요하다. 하나라도 일관되게 해보고 싶다.' 그런 생각이 들 때쯤 찰스 두히그는 〈습관의 힘〉을 통해 핵심 습관을 바꾸면 그 밖의 모든 것을 바꾸는 것은 시간문제일 뿐이라는 마음을 나에게 심어주었다. 학급의 킹핀(볼링 핀 10개 가운데 5번 핀을 말한다), 나는 이것이 핵심 습관에 있다는 것을 발견하게 되었다.

하나가 중요한데 그 하나로 인해 학급은 송두리째 변화를 경험하게 될 것이라고 그때도, 이 글을 쓰는 지금도 확신하고 있다.

허승환 선생님의 책에는 교육기술뿐만이 아니라 교육철학이 함께 기술되어있어서 자주 읽는 편이다. 〈허쌤의 학급 경영 코칭〉은 갈 길 몰라 방황하던 교육의 방향을 잡는 데 많은 도움을 받았던 저서이다. 그 안에서 내가 간과하고 있었던 교육의 핵심 한 줄을 만날 수 있었다. 이 책 속에 자주 등장하는 〈훌륭한 교사는 무엇이 다른가〉의 저사 토드 휘태커는 수백 개의 학교에서 연구와 컨설팅을 진행하며 만났던 훌륭한 교사들의 특징을 14개로 정리하며 이렇게 말하였다. “마음을 얻어라, 그 다음에 가르쳐라.” 아이들의 마음을 빼고 이뤄지는 교육의 효과는 미비하기 때문이다.

무질서했던 나의 교실이 조금씩 체계를 잡아가는 모습을 보니 이제야 습관의 힘의 중요함을 깨닫는다. 토드 휘태커가 말한 “마음을 얻어라, 그다음에 가르쳐라”도 핵심 습관과 연계가 있다. 우리 교실이 변화됨을 느끼니 좀 더 교육에 집중하고 싶다는 생각이 발아하기 시작했다. 그동안 교육에 대한 고민이 많고 자신감이 부족했다. 그러다 문득 아이들의 일상이 눈에 들어오는 사건을 경험하면서 내 교육철학과 학급에서 이뤄지는 핵심 습관이 서서히 눈을 뜨기 시작했다.

두 아이의 몽당연필과 네모공책으로부터 시작된 일상의 소중함은 나에게 수많은 감동을 주었고, 그로 인해 나만의 핵심 습관인 ‘밀알 이야기'(아이들의 일상을 담는 교단 일기)가 시작되었다. 핵심 습관 하나가 잡히니 또 다른 습관으로 전이되었다. 그 뒤로 이어진 수많은 교육 에너지는 지금의 나를 만드는데 초석이 되어 꾸준함, 일관성, 부지런함 등 다양한 키워드를 만날 수 있었다. 우리 반의 킹핀 효과를 제대로 누릴 수 있게 된 것이다.

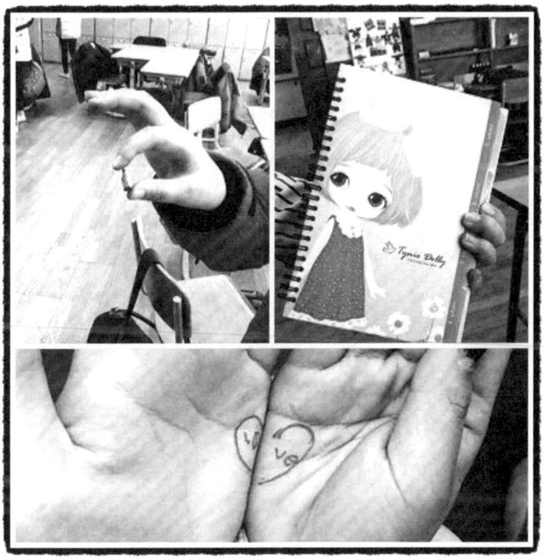

내 교육 핵심 전략은 토드 휘태커처럼 아이들의 일상으로 들어가 마음을 얻는 것이다. 그것이 전제된 후, 그다음에 가르쳐도 전혀 늦지 않다는 것을

알게 되었다. 나에게 소중한 교육의 감동을 알려준 아이들 덕분에 내 일상 또한 사랑하게 되었다.

> [redacted]
> 와....아이들 생각을 엿볼 수 있으니 진짜 좋네요~ 밀알샘짱!! 공유해 주셔서 감사드려요~

> 안녕하세요 선생님! 다양한
> 활동으로 아이가 즐겁게 학교생활을
> 하고 있어서 넘 감사합니다~ 얼마전
> [redacted]이가 선생님과의 일상이 항상
> 특별하다고 말해서 깜작 놀랬어요
> 아이에게 잊지못할 추억이 된거
> 같아요
> 남은 학기에도 아이들에게 많은
> 사랑 주시기바랍니다~^^

아이 스스로 공부하게 만드는 비법

새로운 학년으로 만난 친구들에게 첫날부터 마지막 날까지 강조하는 것은 뿌리다. 삶의 뿌리를 견고히 내린 사람과 그렇지 않은 사람은 평소에는 눈에 띄는 차이를 보이지 않지만, 비, 바람이 불어오는 것과 같은 문제를 만났을 때 확연히 차이가 난다. 어떤 문제에 대한 대처법이라고 할 수 있겠다. 뿌리가 견고한 사람은 바람에 따라 몸을 맡긴 채 그 상황을 즐기는 것처럼 보이는 여유를 갖고 있다. 그에 반해 뿌리가 옅은 사람은 작은 바람에도 삶의 모든 것이 흔들릴 수도 있다. 모든 사람에게 있어 삶의 강력한 뿌리 내림은 필요한데 주변을 돌아보면 그런 사람을 만나기 힘들다. 거울에 비친 자신에게도 그런 모습을 찾기 힘든 세상이다.

〈내 아이를 위한 인문학 교육법〉에서 이지성 작가는 아이들을 행복하게 만들어 주고 그 행복을 세상과 나누게끔 동기를 유발하고 지속해서 인문학 교육을 실천하면 아이 스스로 공부하게 된다고 말한다. 나 역시 이지성 작가의 견해에 전적으로 동의하기에 가슴 깊이 새기고자 이 문구를 한 자 한 자 눌러가며 필사를 한다. 아이들에게 뿌리를 내려 주기 위해서는 행복감을 주는 것이 먼저이다. 그다음 다른 학습의 기술적인 면을 도입해도 절대 늦지 않는다. 뿌리를 견고하게 다지기 위해 독서와 글쓰기를 매일 한다. 아침에 교실에 들어와서 아이들과 눈 맞춤을 하고, 이어서 칠판으로 향하여 좋은 문구를 접하게 해주기 위해 〈칠판 아침편지〉를 쓰는 것, 이제는 자동으로 이뤄진다.

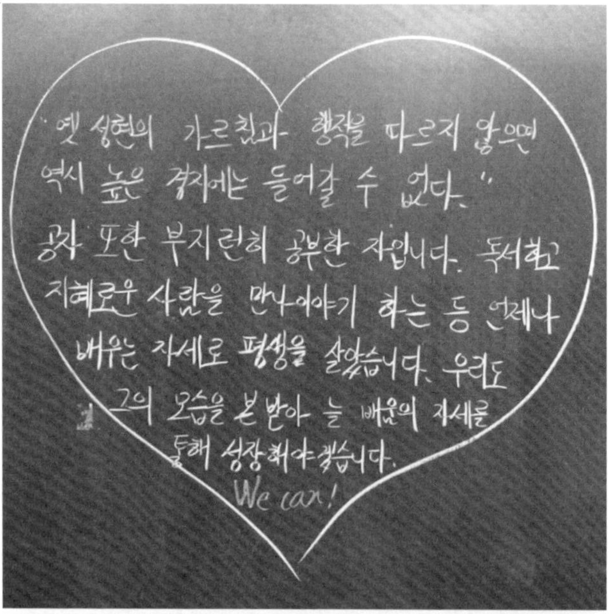

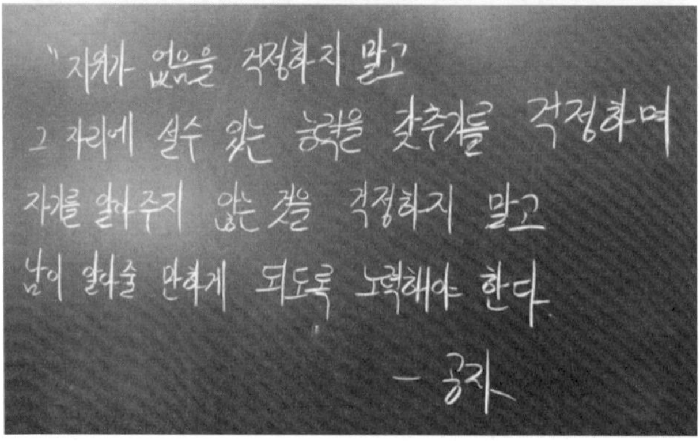

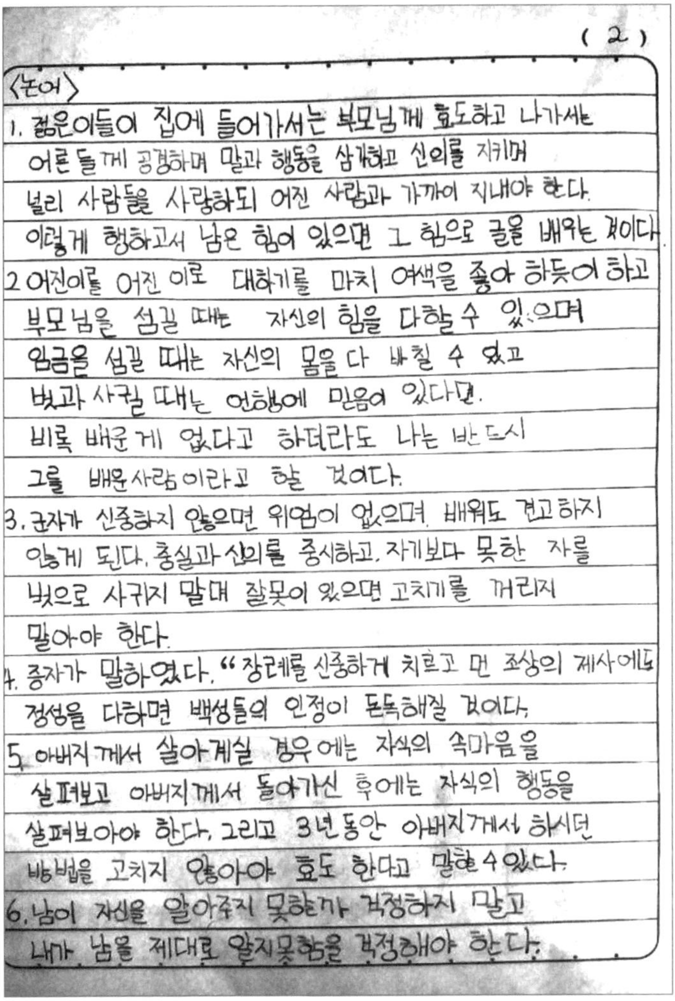
(2)

〈논어〉

1. 젊은이들이 집에 들어가서는 부모님께 효도하고 나가서는
어른들께 공경하며 말과 행동을 삼가하고 신의를 지키며
널리 사람들을 사랑하되 어진 사람과 가까이 지내야 한다.
이렇게 행하고서 남은 힘이 있으면 그 힘으로 글을 배우는 것이다.

2 어진이를 어진 이로 대하기를 마치 여색을 좋아 하듯이 하고
부모님을 섬길 때는 자신의 힘을 다할 수 있으며
임금을 섬길 때는 자신의 몸을 다 바칠 수 있고
벗과 사귈 때는 언행에 믿음이 있다면.
비록 배운게 없다고 하더라도 나는 반드시
그를 배운사람이라고 할 것이다.

3. 군자가 신중하지 않으면 위엄이 없으며, 배워도 견고하지
않게 된다. 충실과 신의를 중시하고, 자기보다 못한 자를
벗으로 사귀지 말며 잘못이 있으면 고치기를 꺼리지
말아야 한다.

4. 증자가 말하였다. "장례를 신중하게 치르고 먼 조상의 제사에도
정성을 다하면 백성들의 인정이 돈독해질 것이다.

5. 아버지께서 살아계실 경우에는 자식의 속마음을
살펴보고 아버지께서 돌아가신 후에는 자식의 행동을
살펴보아야 한다. 그리고 3년 동안 아버지께서 하시던
방법을 고치지 않아야 효도 한다고 말할 수 있다.

6. 남이 자신을 알아주지 못할까 걱정하지 말고
내가 남을 제대로 알지못함을 걱정해야 한다.

〈논어〉를 함께 읽으며 때로는 깊이 있게 나누고 싶은 부분은 전체 필사를 하기도 한다. '지위가 없음을 걱정하지 말고, 그 자리에 설 수 있는 능력을 갖추기를 걱정하며 자기를 알아주지 않는 것을 걱정하지 말고 남이 알아줄 만하게 되도록 노력해야 한다.' 이렇게 따라 적은 후 지

위는 뭐고, 능력은 뭐며, 어떤 것을 걱정하고, 노력해야 하는지 우리 스스로 깨닫는 시간을 가진다. 이렇게 쓴 짧은 실천 한 줄이 삶을 변화시킬 수 있는 강력한 요소가 될 수도 있다.

어느 한 친구는 〈논어〉를 통으로 필사하기도 한다. 누가 시켜서 한 행위가 아니다. 본인의 마음에 강한 확신이 들어 쓰기 시작했다고 하니 이 친구의 뿌리가 얼마나 견고하게 성장할지 기대가 된다.

아이들이 행복하고, 교사가 행복하며, 그를 바라보는 학부모도 행복함으로써 이 3주체 모두 자신의 위치에서 진정한 자기 주도적 학습을 한다면 이상적인 교육의 풍토가 마련될 것이다.

가장 성공적인 교육 방법

매년 1 독 하는 책이 있다. 이 책이 우리나라에 출간했을 때 바로 구매했고, 책 속의 문장을 하나하나 읽으면서 그것을 열과 성의를 다해 교실에 투입했다. 기술적인 면도 좋았지만, 무엇보다 저자의 철학이 나와 일맥상통했다.

그 책은 바로 인젠리의 〈좋은 엄마가 좋은 선생님을 이긴다〉의 '인성 편'과 '공부 편' 두 책이다. 두 책 모두 내 교육관을 흔들어놓았다. 인젠리는 다양한 교육가의 말을 토대로 자신의 삶에 빗대 교육을 실천해가는 이야기를 책 속에 담백하게 담았다. 그중 '공부 편'에서 러시아의 교육가 수호믈린스키의 말은 교사인 나에게 많은 영향을 미친 문구다.

'아이가 학업에 뒤처지는 이유는 사고할 줄 모르기 때문이다. 다시 말해서 세계의 각종 사물, 현상, 의존 관계와 상호관계가 아이에게 사고의 원천이 되지 않아서다. 실제 사물을 이용해서 아이에게 사고하는 법을 가르치는 것은 모든 정상 아이를 똑똑하고 재빠르고 부지런히 공부하고 열심히 질문하게 하는 매우 중요한 조건이다.'

학습을 어떻게 다가가야 할지 물음표를 던지는 문구다. 이 문구를 보니 김성효 선생님의 〈행복한 진로교육 멘토링〉에 나온 코렐리우스 그루

리트의 말이 생각났다. '생각하는 방법을 가르쳐야지, 생각한 것을 가르쳐서는 안 된다.'

늘 지루했던 수학 시간이었지만 지금은 조용히 문제를 푸는 시간이 아닌 수학박사제도를 채택하고 있다. 공식적으로 멘토-멘티를 정하여 가르치는 친구와 배우는 친구를 정해 최대한 수학적인 개념을 정립하는 시간이다. 2017년부터 적극적으로 도입하고 있는데 그 뒤로 수학 시간이 어느 때보다 알차고 재밌게만 느껴진다. 학기 초 수학 진단 활동을 통해 나름의 인지능력을 테스트한다. 멘토, 멘티 자리를 마련하기 위함이다. 취지를 설명하고 아이들의 동의를 얻어 수학 자리를 정한다. 가능하면 멘토, 멘티 모두가 승리하기 위해 다양한 의견을 수렴하여 정한다.

수학 박사제도(《학급운영시스템》 저자 정유진 선생님 아이디어 참고)는 주어진 문제를 가장 먼저 해결한 친구의 경우 교사가 직접 과제 수행 능력을 평가하여 만족이 되면 사진 이름표를 붙이고 '오늘의 수학 박사'라 칭한다. (1명)

그다음 6명 친구를 그 첫 번째 통과된 친구가 채점과 피드백을 해준다. 두 번째 통과된 친구는 '수학 석사'이다. 석사 친구들은 3명의 친구를 채점과 피드백을 해준다.

이런 식으로 동심원을 그려나가면 어느새 수학 시간이 끝난다. 때때로 쉬는 시간 종이 쳐도 끝까지 과제 해결을 하고자 노력하는 친구들이 있다. 예전에는 볼 수 없었던 의미 있는 장면이다. 행동할 기회를 주는 것! 그것은 즉 학습의 흥미를 보호하고 자신감을 키워가는 행위 일 것이다.

행동을 주기 위해 이렇게 다양한 미션을 부여한다.

네이버 블로그 '노래도 잘하는 밀알 샘'에 아래와 같은 행동미션을 자세히 설명하였다.

- ···› 꼬마작가 만들기 위한 시 짓기 프로젝트
- ···› 교실에서 찾은 희망 프로젝트
- ···› 함께 하나 되기 프로젝트
- ···› 다양한 활동 속에 본. 깨. 적 적용하기(본 것, 깨달은 것, 적용할 것)
- ···› 함께 만드는 학부모 총회
- ···› 각자의 숙명의 키워드 발견하기
- ···› 학급 내 작은 도서관 만들기
- ···› 벤저민 프랭클린 따라잡기
- ···› 칠판 아침편지를 통한 긍정마인드 함양
- ···› 우선순위 삶을 위한 아이비 리 6가지 법칙
- ···› 신사임당 따라잡기
- ···› 밀알이들의 잠재력 끌어내기 프로젝트
- ···› 서로가 하나 되는 밀알 반 뮤직비디오
- ···› 밥 실험을 통한 바른 언어 사용하기
- ···› 손끝으로 전하는 기적의 손편지

···› 마음의 언어 근육 만들기, 밀알 드림 카드

···› 장애를 넘어 감사한 마음을 다지기

등 가장 성공적인 교육을 위한 행동할 것들을 함께 공유한다. 교육에는 정답이 없다고 하지만 방향은 필요하다. 수호믈린스키, 인젠리, 김성효, 정유진 선생님의 진정한 교육을 본받아 행동하는 나와 우리 학생들이 되기를 바란다.

위대한 수업
: 본보기

아이들이 항상 당신을 보고 있다는 사실을 잊어서는 안 된다. 아이들은 당신의 말과 행동을 그대로 따라 하므로 아이들이 어떤 사람이 되길 원한다면 당신이 먼저 그런 사람이 되어야 한다.

학생들이 착하게 행동하고 열심히 공부하길 바란다면 당신이 먼저 아이들이 지금껏 만나본 사람 중 가장 착하고 가장 열심히 공부하는 사람이 되어야 한다. 아이들을 속이려는 생각은 꿈에도 하지 마라. 아이들은 그런 쪽으로 굉장히 눈치가 빠르다.

– 레이프 에스퀴스 〈위대한 수업〉 중에서

교육에서 그 어떤 것보다 본보기가 중요하다. 머리로는 알고 있었는데 막연하게만 여겼던 그때 나를 강하게 내려친 슈바이처 박사의 한 문장이 있었다. 스펜서 존슨의 〈부모〉라는 책을 읽으면서 나온 강력한 한방이었다. '아이들은 3가지를 통해 배운다. 본보기를 통해 본보기를 통해 본보기를 통해' 내 가슴 깊이 새겨야 하는 문장을 만날 때는 전율이 오른다. 그만큼 정신적으로 한 획을 긋는 책이 되어 삶에 크나큰 영향을 주기 때문이다.

또 하나의 문장을 만났다. 미국 작가인 로버트 풀검! 이 말도 강력하다. '아이들이 말을 안 듣는다고 걱정하지 말고, 아이들이 항상 당신을 지켜보고 있다는 것을 걱정하라.' 두 손 두 발 다 들었다. 아이들의 눈은 매보다 예리하게 어른을 바라보고 있다는 사실을 인정할 수밖에 없다.

에피소드 하나.

어느 해 12월 여느 때와 다름없는 교실이었다. 평소에 자꾸 친구들을 때리는(장난이었지만) 수진(가명)이가 있었다. 자주 수진과 관련된 일들이 선생인 나에게 보고가 되었고, 그 아이에게 끊임없이 주의하며 한해를 이끌어 갔다. 어느 날 하루는 수진이가 울고 있었다. 무엇이 억울한지 흐느끼면 소리를 내며 울고 있었기에 내가 나섰다. 관련된 친구들을 함께 불러 복도에서 이야기했다.

"준식(가명)아! 수진이 무슨 일 있었니? 왜 우는지 선생님께 이야기해 줄 수 있어?"

"친구들이 때리고, 놀려서 기분이 좋지 않았나 봐요."

평소에 친구들에 대했던 모습이 그대로 돌아온 것 같은 생각이 들었다. 일단 그래도 우는 친구를 나 몰라라 할 수 없기에 아이의 자초지종을 들었다. 크게 문제가 될 것 같지는 않아 보였고 아이들도 평소와 다름없이 장난 범위 안에 서로 있는 듯했다.

"서로 간의 장난이 심하면 폭력이 되는 거야. 무슨 일이 있을 때는 선생님께 꼭 이야기하고, 그래야 이렇게 누군가의 마음이 아플 때까지 가지 않겠지?"

그런 말을 했을 때 울고 있던 수진이가 나에게 이런 말을 했다.

"선생님께서는 제 이야기를 들어주시지 않았잖아요!"

아~~~ 이건…. 무슨 말인가. 순간 정적이 흘렀고, 수진이와 더 이야기를 이어가기 위해 나머지 다른 아이들은 교실로 돌려보냈다. 최대한 아이들의 말에 귀를 기울여 주려고 노력했던 나였기에 다소 아쉬운 아이의 말에 잠시 흔들렸다. 그 친구의 이야기를 충분히 들어주고 나서

"그렇게 느꼈다면 선생님이 미안하구나!"

라는 말과 함께 사건이 그렇게 일단락되었다. 10번 중 9번은 들어줬어도 아이에게 중요한 순간이었던 1번 지켜지지 않았기에…. 아이들에게는 사소한 것이 전혀 없다는 말을 다시 한번 떠올렸다.

에피소드 둘.

어느 날 현호(가명)가 교실을 방문했다. 그는 몇 년 전 나와 함께 교실에서 동고동락했던 친구였다. 중학교 교복을 입은 모습에 참으로 감사하다. 그 누구보다 감사한 이유는 내가 담임을 맡았을 때 현호는 학교를 그만 다니려 했던 학생이었기 때문이다. 그런데 그랬던 현호가 지금 내 앞에 웃으면서 서 있다.

"요즘 어떻게 지내니?"

"학교에서 친구들과 즐겁게 공부하고 있어요. 여자친구도 생겨서 하루하루가 행복합니다."

일상적인 이야기를 즐겁게 펼쳐주는 현호 덕분에 잠시나마 학교 업무

를 잊고 수다를 떨었다. 교실을 방문했는데 마땅히 줄 것이 없어서 내가 아끼는 책을 주었다. 트리나 폴러스의 〈꽃들에게 희망을〉이란 책을 집어 들고 현호에게 건네니 그가 방긋 웃는다.

"선생님 저 이 책 읽고 많이 반성 되었어요. 나비가 무엇인지 모르는 애벌레에게 이야기하는 대목에서 크게 한 방 먹었거든요. 어딨더라? 아. 여깄네요.

'애벌레의 상태를 기꺼이 포기할 수 있을 정도로 간절히 날기를 소원해야 한단다.'

너무나 멋진 말인 것 같아요. 선생님과 함께한 1년 동안 책을 읽으며 많은 변화를 느꼈습니다. 물론 그때는 몰랐지만 지나고 나니 더 확신하게 되었거든요. 책 속에서 받은 이 느낌을 삶에 적용해 봄으로써 얻은 변화는 매우 컸습니다. 저도 그래서 꿈이 생겼어요. 선생님께 영향을 받은 것을 돌려주기 위해 저 역시 초등교사가 되고 싶습니다. 공부도 열심히 해서 꼭 꿈을 이룰 거에요."

기특한 친구! 예전 학교에서 부적응으로 전학 왔기에 더욱 신경을 쓴 현호다. 그가 잘 적응할 수 있도록 특별히 해준 것은 그의 말을 들어주고, 반응해준 것이 전부다. 또 하나 책을 연결해준 것. 내가 생각하는 어른의 역할이란 아이들이 하는 말을 잘 들어주는 것만으로도 어른으로서 절반은 역할을 한 격이 된다. 그리고 삶을 성찰할 수 있는 책을 연결해주면 금상첨화, 책 속에서 멘토를 만나니 삶이 변할 수밖에 없다. 지식을 넘어선 지혜를 만나는 순간이 된다. 그러면 사람은 변하게 되어 있다.

'그래 현호야! 선생님도 너처럼 멋진 날개를 펼칠 수 있는 나비가 되련다. 책 속에 나온 애벌레 기둥을 반드시 떨쳐내어 다른 사람들을 또 다른 나비로 이끌 수 있는 교사가 되고 싶다. 먼저 나부터, 그리고 가족, 우리 반 친구들과 학부모, 함께 하는 교사 등 나부터 시작된 날갯짓이 어떻게 쓰일지 기대가 되는구나! 우리 함께 나비가 되어 훨훨 날아보자.'

위대한 부모님, 교육자, 그 외 위인들의 삶에 빠질 수 없었던 본보기 그런 삶을 실천할 수 있도록 매 순간 노력해야겠다는 다짐을 해본다.

모든 경험과 글은 가치가 있다

"모든 경험과 글은 가치가 있습니다."

난 이 말을 신뢰한다. 내가 다니는 학교는 방학식과 함께 학교 신문이 나간다. 어느 날 학교 신문 담당 선생님이 나에게 신문의 1면 글을 써달라고 하였다.

"네 알겠습니다."

대답과 동시에 쓰고 싶은 글이 내 머리를 스쳐 갔다. 바로 방학 전 칠해진 학교 동상에 관련된 글이다. 당시 동상에 색이 입히는 것을 보고 우리 반 친구들과 나누고 싶은 자신의 색의 중요성에 대한 글을 블로그에 올렸다. 이것을 조금 편집하여 신문 원고로 작성했다.

"얼마 전 학교에 있는 7개의 동상이 새롭게 단장을 했습니다. 기존 동산은 청록색에 거의 녹이 슨 느낌의 을씨년스러움이 풍기곤 했지요! 교장 선생님께서 전교 임원들과 회의를 통해 새롭게 색을 입히시기로 하셨고, 돈을 투자하여 동상에 색을 칠하기 시작했습니다. 대략 10년 정도 간다고 하네요!

어떻게 동상이 탈바꿈되었는지 궁금하시다고? 이렇게 색이 입혀졌습니다.

이렇게 색칠까지 된 동상을 학교 내에서는 거의 본적이 없네요! 세종대왕상에 유관순상처럼 색을 입히지는 않을 것입니다. 각자 동상에 맞는 색이 있을 거예요! 우리 친구들도 마찬가지! 자신에게 맞는 색이 있답니다. 그것을 찾는 것이 중요한데 그것은 누가 강요해서 이뤄질 수 없는 자신의 고유한 영역이거든요!

공교육에 있는 동안 같은 기준으로 평가받을 거예요! 물론 방법적인 면을 바꾸려고 교육적으로 노력하고 있지만 진정한 개별화 교육, 개성이 존중되는 교육은 예나 지금이나 100% 실현하기는 어려울 것입니다.

나에게 딱 맞는 환경은 바뀌지 않는다! 그럼 그냥 순응해야 하는가? 그렇지 않아요! 환경은 똑같아도 자신이 변하면 됩니다. 자신의 색을 다양하게 입혀보면서 내 것을 찾아가는 행위가 중요한 이유입니다.

많은 분이 자신의 색을 모른 채 살아가요! 비단 우리 친구들뿐만이 아닌 어른도 마찬가지! 말처럼 쉽지 않거든요. 꾸준히 자기 성찰을 통해 이뤄지는 행위기 때문에 단기간에 이루고자 하는 사람의 심리로서는 자신의 색을 발견하기가 정말 어려운 실정이에요! 동영상이 장악한 요즘 같은 시대 더욱더 생각하는 사람이 없어지지요. 생각이란 자신을 스스로 돌아보는 곳에서 나오기에 책과 더 친해져야 하는 이유입니다.

김진수라는 사람에게 있어 색깔은 무엇일까요? 그리고 여러분의 색깔은 무엇인가요? 선생님도 이를 고민한 지 얼마 되지 않았어요. 자신의 색의 중요함조차 모르고 살았으니까요. 이제라도 선생님의 색을 찾고 싶기에 더 책을 읽고, 기록하고, 쓰고, 생각하며 매달리고 있어요. 그러니까 조금은 알 것 같아요. 선생님의 색이 무엇인지를!

색칠된 동상을 보며 우리 친구들은 어떤 색을 가졌는지를 생각해봅니다. 재는 ○○색, 저 친구는 ○○색! 이 친구는…. 아…. 무슨 색일까? 딱 떠오르지 않을 때도 있어요. 자신을 잃지 말자고요! 자신의 색을 찾기 위해 이번 방학 기간에 여러분의 색을 찾아보면 좋겠어요. 그 누구도 아닌 여러분의 색을 말이죠.

이것을 한글에 불러와서 주어와 서술어, 단어 등을 조금 수정해서 1페이지 조금 넘는 원고로 만들었다. 이 원고가 어떻게 나올까? 나머지는 신문을 만드는 곳에서 알아서 예쁘게 편집한다. 나는 글과 사진만 주면 편집 전문가들이 만든다. 그것이 곧 디자인되어 색다른 글이 되고 이것이 모여 책이 된다.

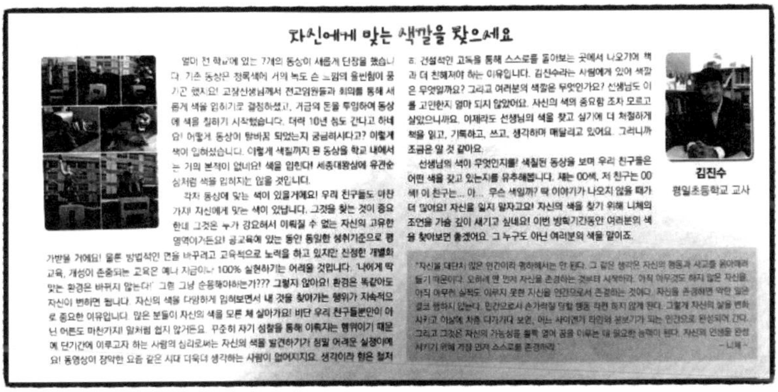

자신에게 맞는 색깔을 찾으세요

얼마 전 학교에 있는 7개의 동상이 새롭게 단장을 했습니다. 기존 동상은 청록색에 거의 녹도 슨 느낌의 올빈함이 풍기곤 했지요! 교장선생님께서 전교위원들과 회의를 통해 새롭게 색을 입히기로 결정하셨고, 거금의 돈을 투입하여 동상에 색을 칠하기 시작했습니다. 더러 10년 정도 간다고 하네요! 어떻게 동상이 탈바꿈 되었는지 궁금하시다고? 이렇게 색이 입혀졌습니다. 이렇게 색칠까지 된 동상을 학교 내에서는 거의 본적이 없네요! 색을 입힌다! 세종대왕상에 유관순상처럼 색을 입히지는 않을 것입니다.

각자 동상에 맞는 색이 있을거예요! 우리 친구들도 마찬가지! 자신에게 맞는 색이 있답니다. 그것을 찾는 것이 중요한데 그것은 누가 강요해서 이뤄질 수 없는 자신의 고유한 영역이거든요! 공교육에 있는 동안 동일한 성취기준으로 평가받을 거예요! 물론 방법적인 면을 바꾸려고 교육적으로 노력을 하고 있지만 진정한 개별화 교육, 개성이 존중되는 교육은 예나 지금이나 100% 실현하기는 어려울 것입니다. '나에게 딱 맞는 환경은 바뀌지 않는다!' 그럼 그냥 순응해야하는가??? 그렇지 않아요! 환경은 똑같아도 자신이 변하면 됩니다. 자신의 색을 다양하게 입혀보면서 내 것을 찾아가는 행위가 지속적으로 중요한 이유입니다. 많은 분들이 자신의 색을 모른 채 살아가요! 비단 우리 친구들뿐만이 아닌 어른도 마찬가지! 말처럼 쉽지 않거든요. 꾸준히 자기 성찰을 통해 이뤄지는 행위이기 때문에 단기간에 이루고자 하는 사람의 심리로써는 자신의 색을 발견하기가 정말 어려운 실정이예요! 동영상이 장악한 요즘 같은 시대 더욱더 생각하는 사람이 없어지지요. 생각이라 함은 철저히 건설적인 고독을 통해 스스로를 돌아보는 곳에서 나오기에 책과 더 친해져야 하는 이유입니다. 김진수라는 사람에게 있어 색깔은 무엇일까요? 그리고 여러분의 색깔은 무엇인가요? 선생님도 이를 고민한지 얼마 되지 않았어요. 자신의 색의 중요함 조차 모르고 살았으니까요. 이제라도 선생님의 색을 찾고 싶기에 더 처절하게 책을 읽고, 기록하고, 쓰고, 생각하며 매달리고 있어요. 그러니까 조금은 알 것 같아요.

선생님의 색이 무엇인지를! 색칠된 동상을 보며 우리 친구들은 어떤 색을 갖고 있는지를 유추해봅니다. 재는 00색, 저 친구는 00색! 이 친구는... 아... 무슨 색일까? 딱 이야기가 나오지 않을 때가 더 많아요! 자신을 잃지 말자고요! 자신의 색을 찾기 위해 니체의 조언을 가슴 깊이 새기고 싶네요! 이번 방학기간동안 여러분의 색을 찾아보면 좋겠어요. 그 누구도 아닌 여러분의 색을 말이죠.

김진수
평일초등학교 교사

"자신을 대단치 않은 인간이라 폄하해서는 안 된다. 그 같은 생각은 자신의 행동과 사고를 옭아매 버리기 때문이다. 오히려 맨 먼저 자신을 존경하는 것부터 시작하라. 아직 아무것도 하지 않은 자신을, 아직 아무런 실적도 이루지 못한 자신을 인간으로서 존경하는 것이다. 자신을 존경하면 악한 일은 결코 행하지 않는다. 인간으로서 손가락질 당할 행동 따윈 하지 않게 된다. 그렇게 자신의 삶을 변화시키고 이상에 차츰 다가가다 보면, 어느 사이엔가 타인의 본보기가 되는 인간으로 완성되어 간다. 그리고 그것은 자신의 가능성을 활짝 열어 꿈을 이루는 데 필요한 능력이 된다. 자신의 인생을 완성시키기 위해 가장 먼저 스스로를 존경하라."

– 니체 –

나는 이글을 살려서 이번 책을 집필할 때 넣는다. 일상 속 모든 글은 이렇게 가치가 부여되면 누군가에게는 영향을 주기 마련이다. 그래서 나는 외친다. 일상을 쓰라고… 어떤 글이든 경험이든, 가치가 있고 다양하게 쓰일 수 있다. 읽고, 생각하고, 기록하고, 글 쓰는 습관을 평생 가져가는 이유다.

나는 오늘도 서투른 교사였다

서투른 교사는 나를 따르지 않는 한두 명의 아이에게 집중하고, 훌륭한 교사는 나를 따르는 더 많은 아이들에게 집중한다. 종종 서투른 교사는 나를 따르지 않는 한두 명의 아이 때문에 모든 아이를 날 선 칼 위에 서 있는 긴장 속에 살아가게 한다.

– 토드 휘태커 〈훌륭한 교사는 무엇이 다른가〉 중에서

아이들 앞에서 내 모습을 그대로 들킨 느낌이다. 토드 휘태커의 서투른 교사에 관한 내용을 보고 다시금 마음을 다잡는다. '내 행동이 과연 최선이었나?' 돌이켜 봐도 대답은 '아니다' 밖에 할 말이 떠오르지 않는다. 이 문구가 계속 떠올랐다. '나는 오늘도 서투른 교사였다.' 이미 엎질러진 물을 주워 담을 수는 없었다. 넘어진 하루였지만, 그래도 내일이 있잖은가. 앞으로의 교직의 삶은 서투른 교사이기보다는 훌륭한 교사로 자신에게 기억 남고 싶다. 생각해보면 이런 말이 수시로 몰려온다. 그때마다 마음을 다잡는 동아줄이 필요하다. 이 동아줄이 바로 글이다. 글에 내 몸을 맡기면 나는 누구처럼 해가 될 수도, 달이 될 수도 있기에 이렇게 힘든 날에도 그 느낌을 그대로 글을 쓴다.

지난주는 서투른 교사로서 감정 조절을 못 했습니다. 마음의 평안함이 교사로서는 최고의 수업 준비임을 절실히 깨닫는 한 주간이었습니다. 제 마음이 뒤엉켜 있는 날은 아이들의 사소한 말과 행동에 잔소리하게 됩니다. 우리 반에서 없어져야 할 것 두 가지(아이들의 욕설, 선생님의 잔소리)를 지키지 못한 모습입니다.

야누슈 코르착의 말이 깊이 다가옵니다.

"자기 자신을 찾으려 애쓰고 스스로 길을 찾아가세요. 아이들을 알려고 하기 전에 자기 자신을 알려고 애쓰세요."

저 자신도 모르는데 어찌 아이들을 가르칠 수 있겠나요? 더 철저하게 자신을 찾기 위해 애를 씁니다. 감정이 올라올 때마다 서투른 교사가 아닌 훌륭한 교사가 지닌 미덕을 되새겨야겠습니다. 훌륭한 교사는 나를 따르는 더 많은 아이에게 집중한다. 아이들 한 명 한 명의 얼굴을 떠올리면서!

진정한 시

시

– 전애리

쓸수록 늘어나는 지능과
쓸수록 익숙해지는 나만의 글씨체가
섞여 시가 탄생한다
감성이 어우러져
시가 업그레이드된다
나의 글씨 한 글자 한 글자가 어우러져
진정한 시가 된다.

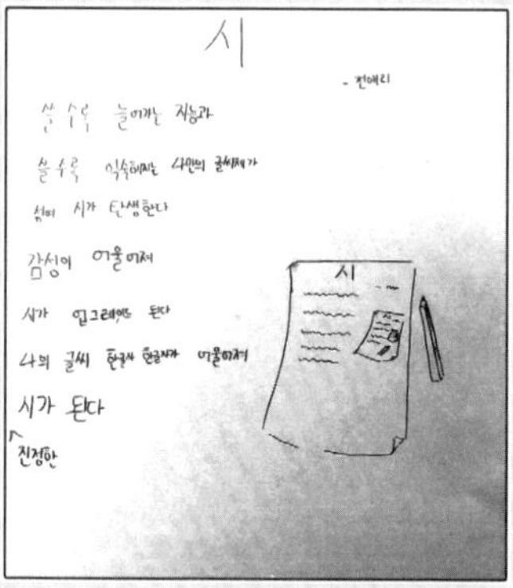

밀알 반 15기 애리가 적어준 시를 보았다. 다시 읽고 또 읽고를 반복한다. 마지막 문장에서 감탄사가 저절로 나온다. '나의 글씨 한 글자 한 글자가 어우러져 진정한 시가 된다.' 시의 맛을 아는 친구라는 생각이 든다. 이렇게 한편의 시속에는 아이들의 세계가 담겨 있다. 그림을 봤는데 '시' 속에 또 다른 '시'가 있고, 그 속에 또 다른 '시'가 있다. 시가 모여 한편의 성장하는 '시'를 탄생한다. 이런 느낌의 '시 그림'이 떠오른다. 밀알 반 13기 친구들과 함께 만든 〈밀알 한 줄 긋기〉를 다시 펼쳐보며 시를 찾아본다. 찾았다. 가영이의 〈시집〉이란 글이다.

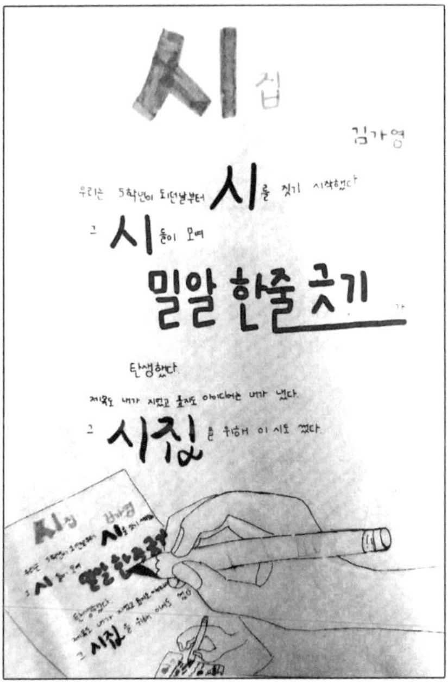

아이들이 표현력이 참으로 예술이다. 시집 속에 또 다른 시집이 있으니…. 애리와 가영이가 표현한 것과 같이 삶도 그러한 것이다. 삶 속에 삶이 있고, 또 다른 삶 속에 삶이 있다. 오늘의 '나'의 모습은 어제의 '나'가 살아온 총합이다. 내 모습 속에 또 다른 내 모습이 계속해서 누적되어 나타난다. 일상도 마찬가지! 어제까지 산 나의 일상의 합이 오늘 내가 살아가는 일상이 된다. 아이들의 시를 통해 '나'라는 삶 속에는 어떤 '나'의 모습이 담겨 있는지 생각해보는 즐거움을 만끽해 본다.

이 세상에서 제일 따뜻한 말 : 체육 나갑시다

월드비전에서 주관하는 학교폭력예방 UCC 공모전 〈교실에서 찾은 희망〉 촬영 시 칠판에 영상 주제인 "따뜻하게 말해줘"에 대한 내용을 꾸몄다.

40분 정도 시간이 소요되었을 정도로 아이들이 썼다 지우기를 반복하며 정성을 다했다. 결국, 칠판 꾸미기가 완성되었고, 이를 다시 캠코더를 줌인 아웃 하며 하나씩 찍었다. 그러던 중 왼쪽 구석에 있는 글과 그림이 눈에 띄었다.

내 모습을 그림으로 표현했고, 그 주위에 아이들이 기분 좋은 느낌을 자아내며 몰려있다. 누군가 소리친다.

"체육 나갑시다."

그것을 화살표로 가리키며 이런 문구가 적혀있었다.

'이 세상에서 제일 따뜻한 말'

표현이 참 좋다. 아이들에게 있어서 '체육'이란 두 글자가 주는 기쁨과 환희는 거의 최고조다. 다른 과목은 몰라도 체육이 한 시간이라도 빠지는 것을 못 견뎌 할 정도이니…. 체육이란 교과가 주는 의미는 교과를 넘어서 교육의 많은 부분을 차지한다는 것도 알고 있다. 그런 일이 있고 난 뒤 며칠이 흘러 어느 날 아침, 한 친구가 A4 용지에 그려진 내 모습 그림 한 장 주고 내 앞에서 두 눈을 깜빡거리며 나의 동태를 살핀다.

'뭐지?'

여기에도 적혀있는 '따뜻한 말= 체육!'

체육을 향한 아이들의 대단한 열정이다. 무엇보다 한 번도 아닌 연타석으로 이야기하니 안 나갈 수가 없다. '좋다. 이 녀석들, 오늘 한번 땀을 흘려보자!' 마침 전학 온 친구도 한 명 왔고, 대한민국 최초로 한국인 선수가 메이저리그 올스타전에서 선발 등판도 하니 이 이유, 저 이유를 들어 체육을 함께 즐겼다.

"체육 하러 나갑시다."

세상에서 가장 따뜻한 말을 했더니 아이들의 얼굴에 환한 미소가 가득하다. 앞으로도 자주 따뜻한 말을 해줘야겠다.

"체육 하듯 다른 공부도 열심히 해야 한다. 알겠지?"

세상에서 가장 아름다운 엄지 척

"얘들아. 집에 안 가니?"

"조금만 더 하면 돼요, 선생님"

3명의 친구가 남아서 무언가를 하고 있다. 처음에는 그저 장난으로 한 말이려니 했는데 실제로 몸소 실천한다. 뭐를 하는 것일까? 바로 교실 바닥 대청소를 하고 있다. 왜? 그냥 하고 싶어서!

"선생님, 저희가 청소해도 되나요? 교실이 지저분해 보여서 청소 좀 하려고요."

"아~ 그래? 굳이 하겠다는 것 말리지는 않으마."

조금 하다 갈 줄 알았는데 아니었다. 3명에서 꾸역꾸역 교실 바닥을 청소하고 심지어는 마무리로 향수 뿌리기까지 완벽히 하고 갔다.

하나. 책걸상을 한쪽으로 옮긴다.

둘. 바닥에 붙은 굳은 껌딱지들을 제거한다.

셋. 쓸고, 진공청소기로 빨아들이며, 닦는다.

넷. 책상을 원래대로 해 놓는다.

다섯. 향긋한 향수를 뿌려서 교실에 들어왔을 때 좋은 향이 나도록

한다.

"얘들아! 깨끗한 교실 한가운데서 인증샷 함께 남겨줄까?"

"아니요. 얼굴 나오면 안 돼요!~ 저희 갈게요."

"잠깐~ 앞문으로 엄지라도 내밀어 봐. 그거라도 찍어서 남기고 싶다."

"엄지 정도야. 여기요!"

그래서 찍게 된 엄지다. 나는 이것을 이렇게 칭하고 싶다.

'세상에서 가장 아름다운 엄지 척'

아이들 덕분에 교실이 반짝반짝 윤이 난다. 오늘 아이들이 보여준 것은 마쓰다 미쓰히로의 〈청소력〉이었다. 마이너스 자장을 플러스 자장으로 바꿔준 우리 친구들에게 나 역시 엄지 척을 주고 싶다. (청소에 의해 극적으로 자신을 둘러싼 환경과 인생을 변화시키는 힘을 청소력이라 한다.)

환경은 변하지 않아,
네 마인드 덕분

(이 글은 담임선생인 내가 제자 주노에게 이야기하듯 쓴 편지글이다.)

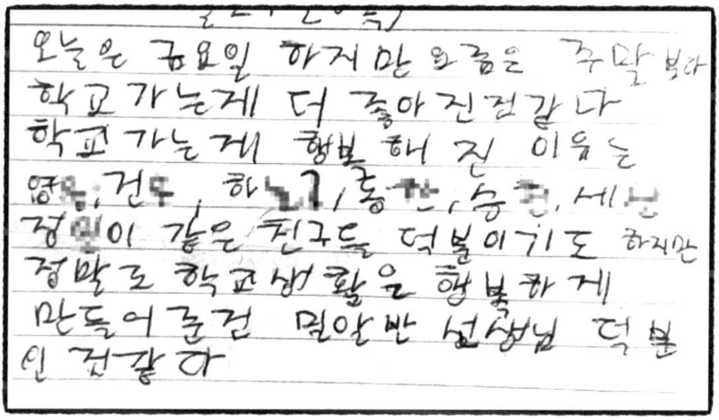
오늘은 금요일 하지만 요즘은 주말 보다
학교 가는게 더 좋아진건같다
학교 가는게 행복해진 이유는
염[illegible], 건[illegible], 하[illegible], 동[illegible], 승[illegible], 세[illegible]
정[illegible]이 같은 친구들 덕분이기도 하지만
정말로 학교생활을 행복하게
만들어준건 멋있는 선생님 덕분
인 것같다

먼저 고맙구나! 이렇게 생각해주니 말이지.

그 어떤 것보다 좋은 문구 덕분에 선생님은 춤도 추곤 한단다. 왜 갑자기 춤이냐고?

칭찬은 고래도 춤을 추게 한다는 말이 있잖니?

교사를 하면서 때로는 힘에 부칠 때가 많지만, 너같이 이렇게 긍정적으로 변하는 아이들을 만날 때마다 아직 그대로 내가 해야 할, 아니 나만이 할 수 있는 일이 있다고는 생각하며 하루하루를 살아가곤 한단다.

학교생활이 즐겁구나! 친구들과 선생님 덕분으로 너는 이야기 하고 있기도 하고!

그 말에는 절반은 맞고 절반은 아닐 수도 있겠다는 생각이 든다.

환경이 아무리 변해도 사람은 쉽게 변하기가 쉽지 않거든.

중요한 것은 네가 능동적으로 변하려고 노력을 했기 때문에 가능한 일이 었기에!!!

친구와 선생님의 덕분이라는 것에 가장 중요한 것인 자신의 노력을 넣으면 좋겠구나!

충분히 너는 노력을 하고 있거든.

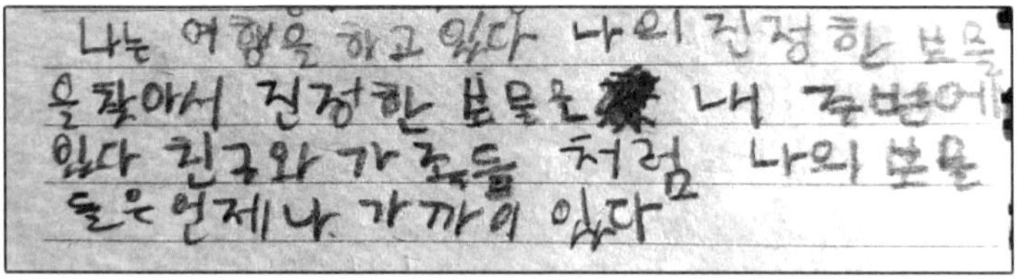
나는 여행을 하고 있다 나의 진정한 보물을 찾아서 진정한 보물은 내 주변에 있다 친구와 가족들 처럼 나의 보물들은 언제나 가까이 있다

진정한 보물을 찾다니!

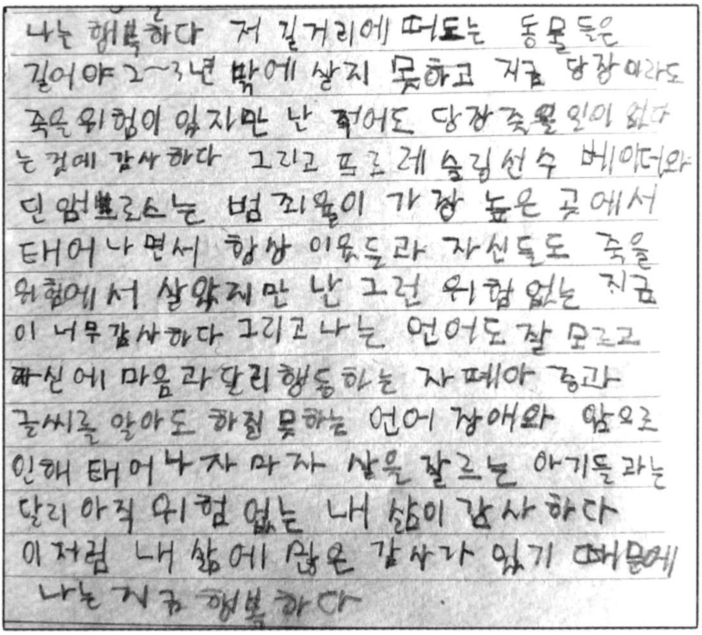
나는 행복하다 저 길거리에 떠도는 동물들은
길어야 2~3년 밖에 살지 못하고 지금 당장이라도
죽을 위험이 있지만 난 적어도 당장 죽을 일이 없다
는 것에 감사하다 그리고 프로레슬링 선수 베이더와
딘 앰브로스는 범죄율이 가장 높은 곳에서
태어나면서 항상 이웃들과 자신도도 죽을
위험에서 살았지만 난 그런 위험 없는 지금
이 너무 감사하다 그리고 나는 언어도 잘 모르고
자신에 마음과 달리 행동하는 자폐아 증과
글씨를 알아도 하지 못하는 언어 장애와 암으로
인해 태어나자마자 삶을 잘르는 아기들과는
달리 아직 위험 없는 내 삶이 감사하다
이처럼 내 삶에 많은 감사가 있기 때문에
나는 지금 행복하다 .

지금, 이 순간의 행복을 발견하기도 하고!

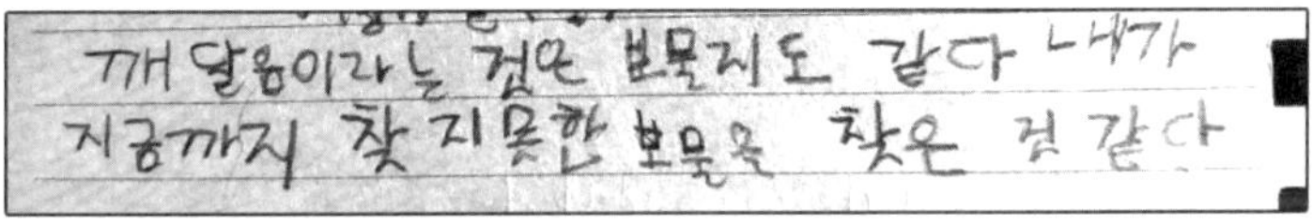
깨달음이라는 것은 보물지도 같다 내가
지금까지 찾지 못한 보물을 찾은 것 같다

깨달음이란 것을 알아낼 줄이야!

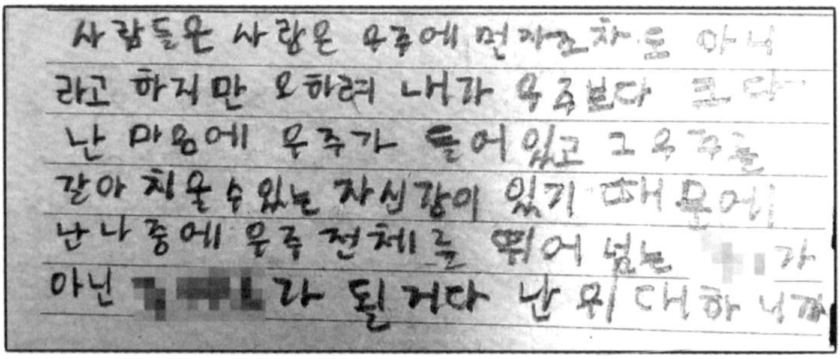
사람들은 사람은 우주에 먼지조차도 아니
라고 하지만 오히려 내가 우주보다 크다
난 마음에 우주가 들어있고 그 우주를
갈아 치울수 있는 자신감이 있기 때문에
난 나중에 우주 전체를 뛰어 넘는 [redacted]가
아닌 [redacted]라 될거다 난 위대하니까

위인은 위대해지려고 각오한 자만이 위인이 될 수 있지.

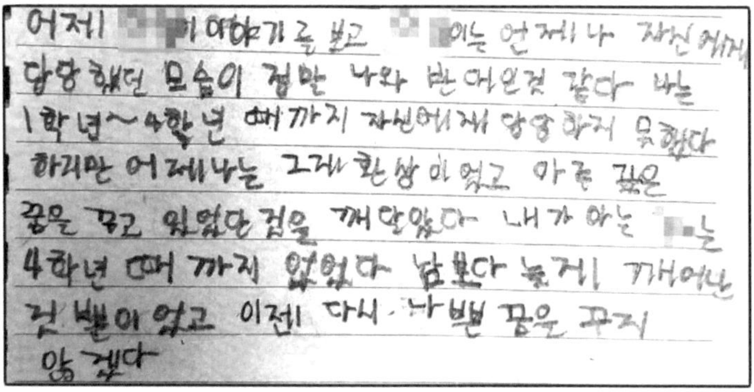
어제 [redacted]이 이야기를 보고 [redacted]이는 언제나 자신에게
당당했던 모습이 정말 나와 반대인것 같다 나는
1학년~4학년 때까지 자신에게 당당하지 못했다
하지만 어제나는 그게 환상이었고 아주 깊은
꿈을 꾸고 있었단 것을 깨달았다 내가 아는 [redacted]는
4학년 때까지 없었다 남보다 늦게 깨어난
것 뿐이었고 이젠 다시 나쁜 꿈을 꾸지
않겠다

맞아! 지금까지는 나쁜 꿈을 꿨던 거야! 자신을 더욱 마음껏 사랑하렴.

아름다움이란 기준이 없다 스위스에서도
멋진 풍경과 미세먼지 없는 맑은 하늘이 보였지만
진정한 아름다움이란 서로 배려하고 항상
서로를 챙겨주는 6-1반 친구들의 모습이야
말로 진정한 아름다움이다 오늘은 하늘이
흐리지만 내 친구들의 웃음은 항상 밝으면
좋겠다

진정한 아름다움을 만나고 있구나!

3월 동안 난 친구들을 많이 도와줬다고 생각합니다. 그리고
언제나 웃고 있어 준 내 자신이 기특합니다
힘들어도 화이팅하는 자기 자신이 자랑스럽습니다.

자기 자신에게 마음껏 박수 쳐줘도 된단다.

어때? 너의 글 속에서 많은 노력을 하는 자아를 발견했니? 사람의 위대함을 너를 통해 선생님은 발견하곤 한단다. 고맙구나! 네 덕분에 선생님도 다시 자아를 보게 된단다. 훅훅 털어내고 함께 하는 한해, 유종의 미를 거두고 싶구나! 너의 오늘을 뜨겁게 응원한다.

너라면 할 수 있을 거야!

너는 매우 특별한 존재야

위 그림은 어느 날 시온이가 그린 그림이다. 자신의 모습을 여러 다양한 모습으로 그리고 있었는데 그 모습이 옆에서 봤을 때 신기하고 멋져 보였다. 19명의 모습을 그렸는데 모두 자신에게 있어서 소중한 모습이다.

"이 중에서 어떤 모습이 마음에 드니?"

"이거"

"왜?"

"음. 이게 제일 이뻐서"

"그렇구나! 정말 멋진걸!"

6살 아이의 모습을 보니 우리 반 13살 친구들의 모습과 별반 다르지 않았다. 다양한 모습 속에서 자신이 좋아하는 모습을 찾는 것, 그리고 그것을 그려나가려고 애쓰는 모습. 나는 매년 아이들의 다양한 모습을 찾기 위해 하는 활동이 있다.

〈나만의 장점 100가지 찾기 프로젝트〉

1. 하루에 10개씩 자신의 장점 10일 동안 찾기
2. 이 중 5가지 자신의 대표 장점을 찾아 포스터 그리기
3. 모임활동으로 자신의 장점 포스터 발표하기
4. 서로 격려하고 과자 파티하기(이때 아이들과 영화도 보면 금상첨화)

이렇게 100가지를 찾아가면서 자신이 몰랐던 점도 발견하게 된다. 찾은 장점 중 대표 장점 5개를 골라서 아래와 같이 포스터를 만든다.

친구들은 이렇게 장점으로 무장된 친구들이었다는 사실을 서로 알게 된다. 서로의 이야기를 들으며 각자가 매우 특별한 존재임을 알아가는 것이다. 이대로 발표하고 마치면 아쉽다. 이를 기념하여 장점 파티를 한다. 각자 과자 1봉지씩 준비해서 과자 뷔페 형식으로 먹는 것이다. 이때 그동안 보고 싶었던 영화관람까지 곁들인다면 금상첨화다. 세계 속에서 영향력을 미치는 유대인들을 교육 속에서 배울 점이 많은데 그중 꼭 배워야 할 점 한 가지가 있다면 바로 이것이다. '그들은 자신의 강점에 주목했다.' 누구에게나 자신의 장점이 심겨 있다. 성경 속에서도 이를 가리켜 은사라고 표현한다. 세상에 태어난 이유, 나만이 할 수 있는 것, 에머슨의 말처럼 나로 인해 세상이 좀 더 따뜻해지게 하는 것. 그것을 꾸준히 지속해서 성장시켜 나가면 강점이 되어 나를 넘어, 너를 넘어, 우리에게 큰 영향을 줄 수 있게 된다. 나는 언제나 이야기를 한다.

"여러분의 장점을 믿고 나아가세요. 그것이 세상을 살아가는 지혜를 가져다줄 것이니까요.

우리 친구들은 이미 매우 특별한 존재입니다."

아인슈타인도 그런 믿음을 갖고 태어났다는 사실을 안다면 우리도 충분히 할 수 있지 않을까?

> 너는 세상 다른 아이들에게 없는 훌륭한 장점이 있어. 그래서 이 세상에는 너만이 감당할 수 있는 일이 너를 기다리고 있단다. 그 길을 찾아가야 한단다. 너는 틀림없이 훌륭한 사람이 될 거야.
>
> – 아인슈타인 어머니

자신감을 가져
: 양심적인 사람

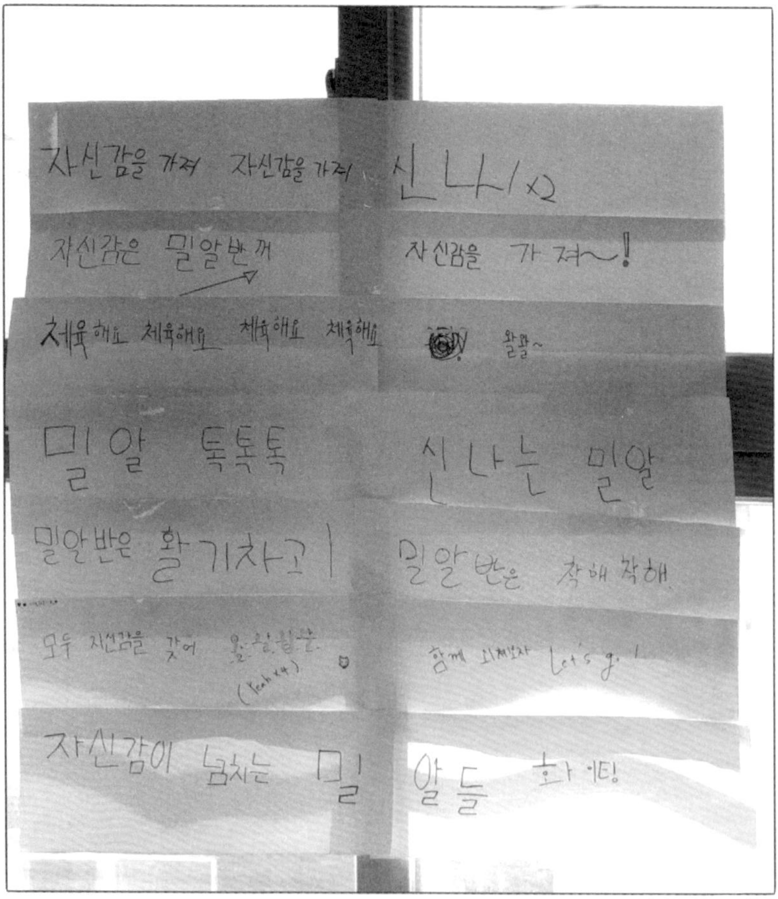

"자신감을 가져 자신감을 가져, 신나 (X2)
자신감은 밀알 반 꺼, 자신감을 가져
체육 해요 체육 해요 체육 해요 체육 해요 왈왈 (X2)
밀알 톡톡톡, 신나는 밀알
밀알 반은 활기차고! 밀알 반은 선해!
모두 자신감을 가져 예~~~
함께 외쳐보자 Let's go 예~~~
자신감이 넘치는 밀알들 파이팅!"

밀알 반 15기 친구들과 만든 반가다. 7개의 모둠에서 한 줄씩 즉흥적으로 만들어서 필(Feel) 가는 대로 가사를 배열하고 멜로디를 만들어서 반가를 완성했다.

제목은 〈자신감을 가져!〉

자신감! 스스로 신뢰하는 것을 뜻한다. 진정한 자신감을 가진 사람이 과연 몇 명이나 있을까? 무엇보다, 자신을 신뢰하는 것은 앞으로 살아가는 데 있어서 매우 중요한 덕목이다. 이것을 갖추고 있느냐, 없느냐의 차이는 삶을 대하는 자세도 크게 달라진다.

자신감과 자존감이 미세한 차이는 있겠지만, 이 글에서는 동일시하고 싶다. 그만큼 스스로 믿는 행위와 자신을 스스로 존중하는 행위는 비슷하기 때문이다. 자신을 믿는다는 것은 언제부터 가능할까? 일단 이 전제를 생각해 봤으면 한다. '남을 속이기는 쉽지만, 자신을 속이기는 어렵다.' 남은 몰라도 자신은 안다. 무엇보다 어떤 잘못에 대해서 다른 사람은 속일 수 있어도 자신의 양심은 안다. 양심적인 사람이 되는 것이 중요한 이유다. 사회적 물의를 일으키는 사람들만 보더라도 겉으로 보기에는 그럴 것 같지 않은 사람들이 도덕적으로 추악한 모습을 종종 보곤 한다. 그들 스스로는 자신의 민낯을 알고 있었겠지만 철저한 가면으로 수많은 사람을 기만한다. 양심적인 행위가 중요한 이유다. 자신을 기만하지 않고 배반하지 않는 것이다.

자신에게 배신하지 않는 자, 그것은 곧 스스로 신뢰를 쌓아가는 가장 중요한 행위다. 자신과의 신뢰가 무너지면 사람들은 거짓된 삶을 살아갈 가능성이 크기에 꼭 유념했으면 좋겠다고 줄곧 이야기한다. 공자가 중요시하는 수신(修身)이 그 어떤 것보다 중요한 이유다. 자신에게 떳떳한 자신감을 갖춘 사람이 되자는 것! 이를 위해 내가 자주 언급하는 시가 한 편 있다. 밀알 반 14기 현선이의 시다.

'가장 많이 배신하는 사람은 바로 나 자신이다.' 우리 자신을 배신하지 말자. 그것은 곧 양심의 구멍이 생기면서 서서히 자신으로부터 신뢰를 잃는 것이기에 이와 반대로 하면 된다. 자신을 신뢰하는 삶! 자신이 다짐한 것, 작은 것부터 실천하고 꾸준히 함으로써 '나도 할 수 있다'는 것을 스스로 깨닫는 것!

자신감은 그에게서 나오는 것이다.

자신을 배반하기보다는 자신을 신뢰하는 삶을 통해 자신감을 느끼길 바란다. 반가운 노랫말처럼 자신감을 가지는 우리가 모두 되기를 바란다.

넌 행복을 가져다주는 꽃이야

매년 아이들과 시 짓기 프로젝트를 진행한다. 단순히 문집형태로 만들어서 남기는 것이 아닌 ISBN이 부여된 아이들 모두 꼬마작가로 만드는 프로젝트이다. 2017년부터 시작된 이 활동은 〈밀알 한 줄 긋기〉, 〈상상의 나라 밀알 랜드〉, 〈어빌리티〉라는 시집으로 출간되었다.

함께 시를 지으면서 좋은 아이들의 시를 접하게 된다. 그중 윤서의 시가 참으로 깊이 다가오는 날이었다. 이 시를 보고 한편의 글이 떠올라서 블로그에 글을 썼다.

한 친구가 이런 시를 지었더구나! 마지막 말이 참으로 좋은 것 같아.
넌 행복을 가져다주는 꽃이야. 꽃과 관련된 유명한 시가 있지.
나태주의 〈풀꽃〉이라는 시! 한 번쯤 들어봤을 거야!

자세히 보아야 예쁘다
오래 보아야 사랑스럽다
너도 그렇다.

이 말이 너무 좋아서 그동안 친구들과 함께 글자그림을 완성해서 교실 뒤에 붙여놓기도 했단다. 이런 말이 있어. 사람들은 멀리서 보면 모두 좋아 보이는데 가까이 가보면 못난 것이 많이 보여서 실망을 한다는 것! 그런데 나태주 시인은 자세히 보고, 오래 보면 더 좋다는 상반된 이야기를 하고 있지. 우리 친구들도 나태주 시인이 말하는 것처럼 그런 사람이 되었으면 좋겠구나. 자세히 볼수록 예쁘고, 오래 볼수록 사랑스러운 그런 사람. 그런 사람이 되는 좋은 방법이 있다면 거울에 비친 자신에게 정직하라는 것이야. 남을 속이긴 쉽지만, 자신을 속이는 것은 어려운 법이거든. 남이 보기에 좋은 사람이 되기보다는 자신이 보기에 좋은 사람이 되는 것이 가장 좋은 방법이라고 생각해.

예쁘고 사랑스러운 자신을 꽃처럼 아름답게 가꿔갔으면 좋겠구나. 친구의 시 마지막에 있는 구절이 그래서 더욱 가슴 깊이 다가오는 것 같다. 넌 행복을 가져다주는 꽃이야.

글쓰기를 마치고 더 나아가 이런 생각이 들었다. '이것을 노래로 표현하고 싶다.' 기타를 들고 간단한 코드 진행으로 흥얼거리며 나름의 곡을 완성했다. 이렇게 아이들의 시를 하나씩 노래로 만들고 싶다는 생각을 해본다. 가사가 참으로 좋다. 아이들의 순수함이 그대로 묻어있는 노랫 말이다.

봄꽃에 대한 시 표현이 우수하다. 그리고 중간에 네이버 지식백과에 나온 봄꽃 관련 글을 랩으로 표현해 넣어봤다. 가수 아웃사이더 버전으로 빠른 랩을 표현했다.

꽃

– 허윤서(밀알반 15기)

봄이 되면 피어오르는 꽃
아이들의 웃음처럼 활짝 피는 꽃
꽃은 아이들의 행복으로 가네!
꽃도 아이들의 행복을 받으며 자라가네!
넌 행복을 가져다주는 꽃이야.

(Rap) 얼어붙은 땅이 녹기 시작하여 풀과 나무들이 싹을 틔우고, 꽃들이 피기 시작한다.

노란 개나리, 연분홍 미선나무, 살구나무, 왕벚나무, 분홍색의 진달래 등이 한국을 대표하는 봄의 꽃나무

양지바른 언덕 산기슭에는 보라색 제비꽃, 할미꽃이 피고,

쌓인 가랑잎 사이를 뚫고 노랑매미꽃 눈에 띄며, 흰색 또는 연분홍, 자주색의 노루귀꽃이 잎보다 먼저 피어나온다

각시붓꽃, 노랑붓꽃, 얼레지, 처녀치마, 현호색, 들현호색 양지꽃, 구슬붕어, 선씀바귀, 벋음씀바귀와 민들레 등이 한국의 봄을 장식한다.

봄이 되면 피어오르는 꽃
아이들의 웃음처럼 활짝 피는 꽃
꽃은 아이들의 행복으로 가네!
꽃도 아이들의 행복을 받으며 자라나네!
넌 행복을 가져다주는 꽃이야.

〈봄꽃〉 노래

간절함이 답이다

우리 반 친구들과 함께 〈굿네이버스 희망편지 쓰기 대회 _ 미나 편〉을 보았다. 담배공장에서 하루하루를 보내는 9살 소녀의 이야기다. 영상을 보고 어떤 느낌이 들었는지 서로 이야기를 나누고, 미나에게 편지를 쓴다. 대부분의 아이는 미나를 불쌍하게 여기며 측은한 마음으로 바라보는 내용을 적었다. 나에게도 떠오르는 한 줄기 글감이 있었다. 그것을 대한 글을 쓰고 우리 반 친구들과 함께 이야기를 나누었다.

우리는 오늘 한편의 영상을 보았어. 담배공장 미나의 포기할 수 없는 꿈이었지. 9살 미나 아크터. 우리나라였다면 초등학교 2학년이 되어 여느 다른 친구들처럼 즐겁게 학교생활을 했을 텐데…. 미나는 희망을 기다리며 교사가 되기 위한 꿈을 꾸고 있었지. 극빈층 중에서도 더한 빈민촌의 삶! 공장 내부를 가득 채운 담뱃가루로 인해 바늘로 찌르는 듯한 고통과 환각 성분으로 인한 두통! 하루 8시간 동안 허리도 펴지 못한 채 일하는 미나와 가족!

9살 미나의 손에 들린 건 독한 담뱃가루와 삶의 무게! 오후 5시 공장에서의 일과를 마치고 지친 몸을 이끌고 미나는 야간 공부방으로 가지. 그곳에서 미나는 열심히 공부하여 꿈을 키우고 있단다.

선생님은 친구들과 이 영상을 함께 보면서 미나의 간절함이 우리 친구들에게도 전해지길 소망했지. 결국, 간절함이 꿈을 이루는 동력이 될 수 있기에…. 그저 미나를 위한 〈희망 편지쓰기 대회〉가 아닌 우리 자신의 각자에게 쓰는 편지 시간이 되길 바란다.

너희는 어떤 간절함을 갖고 있니? 그 간절함을 결국 자신을 올바르게 이끄는 가치를 가져다줄 것이야. 간절함이 곧 답이 되지. 여기 간절함을 갖고 하루하루를 지낸 사람이 있어. 우리가 익히 아는 인물이지. 그녀는 보지도, 듣지도, 말하지도 못하는 삼중고를 겪으면서도 간절함을 갖고 하루하루를 살아가면서 위대한 여성으로 우뚝 설 수 있었지. 그래 맞아! 그녀는 바로 헬렌 켈러야. 그녀가 말한 것을 한번 들려줄게.

> 나(헬렌 켈러)는 시각장애인이기 때문에, 앞이 잘 보이는 사람들에게 한 가지 힌트, 시각이란 선물을 받은 사람들에게 그것을 가장 잘 사용하는 방법을 알려드릴 수 있답니다.
>
> 내일 갑자기 장님이 될 사람처럼 여러분의 눈을 사용하십시오. 다른 감각기관에도 똑같은 방법을 적용할 수 있습니다. 내일 귀가 안 들리게 될 것처럼 음악 소리와 새의 지저귐과 오케스트라의 강렬한 연주를 들어보십시오. 내일이면 촉각이 모두 마비될 사람처럼 그렇게 만지고 싶은 것들을 만지십시오. 내일이면 후각도 미각도 잃을 사람처럼 꽃향기를 맡고, 맛있는 음식을 음미해보십시오. 모든 감각을 최대한 활용하세요. 자연이 제공한 여러 가지 접촉방법을 통해 세상이 당신에게 주는 모든 즐거움과 아름다움에 영광을 돌리세요.
>
> – 헬렌 켈러 〈내가 만일 사흘 동안 세상을 볼 수 있게 된다면〉 중에서

우리가 일상으로 늘 해왔던 것들이 누군가에게는 특별함이 될 수 있다는 것을 알 수 있겠지. 하루하루 감사하며 간절함 속에서 가치 있는 일들을 행할 때 삶은 더욱 풍요롭게 되는 것 같구나. 미나에게, 헬렌 켈러에게, 무엇보다 자기 자신에게 부끄럽지 않은 삶을 살아가는 우리가 되어 보자.

간절함 속에서 열심히 최선을 다해 살아감으로 삶을 개척해보는 거야. 그런 사람에게 하늘이 감동하여 멋진 선물을 안겨줄 테니 말이지. 간절함은 너희를 더욱 강하게 할 거야. 너희의 간절함을 응원한다.

이 글을 쓰면서 자신을 바라본다. 나는 간절함이 있는가? 그 누구의 간절함도 아닌 내 간절함 말이다. 결국, 그 간절함을 살아가는 방향을 설정해줄 것을 확신하면서 매일 아침 거울을 보며 나에게 이야기한다.

"너의 간절함이 무엇이니? 있다면 그것을 이루기 위해 지금 해야 할 일을 즉시 실천하렴."

풍속화를 그리면서 알게 된 여백의 미

사회시간을 함께하며 아이들이 김홍도의 풍속화를 그렸는데 그중 하연이가 〈무동도〉를 채색하고 있었다. 색과 물의 농도를 적절히 유지하며 채색을 하는 모습을 옆에서 보곤 했다. 완성된 작품을 제출했는데 참으로 운치가 있다고 생각했다. 속을 꽉 채운 것이 아닌 사람 형태 안쪽만 살짝 칠했을 뿐인데도 너무나 훌륭한 작품이 만들어졌다. 나는 하연이의 작품을 보면서 한 줄 생각을 잡을 수 있었다.

여백의 미. 이에 관한 생각을 글로 아이들과 함께 나눠본다.

일과가 복잡하게 꽉 찬 삶을 살아가는 사람들을 보면 숨이 막히지 않니? 어쩌면 너희의 삶도 그럴지도 몰라. 선생님 세대보다는 어떤 주어진 일과가 짜여 있고, 그 수많은 일과를 소화하는 너희를 보고 있노라면 함께 숨이 턱턱 막힐 때가 있으니….

위 풍속도를 그린 하연이처럼 하루의 일과 중 여백의 시간을 두었으면 좋겠어. 이 시간을 통해 하루를 살아냈던 자신의 모습을 성찰하는 시간을 가지면 어떨까 싶어. 성찰이란 표현이 좀 거창하게 들리겠지만, 반성의 시간을 가져 보자는 거야.

내가 하루 중에 무슨 일을 했는지…. 그 하루를 감사하며 기록도 해보고, 더 나아가 내일은 어떠한 일들이 자신에게 주어질지 등 내가 한일과 할 일들을 한번 돌이켜 보는 것이지. 그 시간이 뭐가 그리 대단하냐고 반문할 수 있겠지만, 그것은 곧 생각대로 살아가는 삶을 살아갈 수 있는 가장 단순하고 강력한 방법이야.

"생각대로 살지 않으면 사는 대로 생각하게 된다."

폴 발레리 시인이 원어로 이렇게 표현했지.

"If you don't live the way you think, you'll think the way you live"

너는 생각대로 사는 인생을 살고 있니, 아니면 사는 대로 생각하고 있니? 이것은 정말 중요한 명제라고 생각해. 그래서 매일 하루 동안 여백의 미를 두고 자신의 내면의 목소리를 지속해서 들었으면 좋겠어. 여백의 시간 동안 우리는 진정한 자아를 발견하는 놀라운 일들을 경험할 수 있게 될 거야.

하연이의 작품 덕분에 선생님도 이런저런 생각을 하게 되었으니 참으로 고맙지.

우리 친구들의 여백의 미를 뜨겁게 응원할게!

근대교육을 재판합니다

한 영상을 보았다. 그 영상은 〈근대교육을 재판합니다〉라는 제목으로 한동안 SNS를 통해 많은 이들에게 보였다. 첫 대사에서 이렇게 말하고 있다.

> 알베르트 아인슈타인은 이렇게 말한 바 있습니다.
> **"모든 사람은 천재다. 그런데 물고기를 나무 타는 능력으로 평가하자면 그 물고기는 평생을 스스로가 바보라고 생각하면서 살 것이다."**

교육에 종사하는 나로서는 무섭고 떨리면서도 인정할 수밖에 없는 부분도 있기에, 나 역시 때로는 그런 잣대로 물고기인 우리 친구들에게 나무 위로 올라가라고 하는 것은 아닌지 걱정했다. 이 영상을 접하기 전 이와 관련된 사진을 예전에 본 적이 있었다.

"공정한 선발을 위해서 모두는 같은 시험을 쳐야 합니다. 저 나무 위를 올라가세요!"

교육 풍자 카툰

나는 이 사진을 보고 너무나 미안했다. 새, 원숭이, 펭귄, 코끼리, 어항 속 물고기, 물개, 늑대 등 다양한 재능과 특징을 지닌 친구들에게 나무 위로 올라가라고만 했으니…. 그래도 올라가는 친구들이 있었기에 못 올라가는 친구들에게 노력이 부족하다는 이유로 타박했던 그때를 떠올리면 지금도 너무나 미안한 마음이 든다. 각자의 재능이 있고, 기질이 있으며, 때가 있다는 것을 그때는 몰랐다. 평가만을 위한 조급함이 앞선 것이 사실이다.

물론 지금도 모든 것을 통달했다는 것은 아니지만 예전처럼 모든 이들에게 나무 위로 올라가라는 어리석은 행동은 하지 않아서 다행이라 여긴다. 아인슈타인이 이야기했다. 모든 사람은 천재라고. 나 역시 그렇게 생각한다. 아이들은 하나같이 너무나 고귀한 가치를 지니고 있다. 다만 어른들에 의해 그것이 실종되기도 유지하기도, 발전하기도 하는 것은 분명한 사실이다. 그렇다고 여기서 포기할 수 없다. 우리들의 천재성을 다시 한번 믿고 나아간다. 만원이 구겨진다고 그 가치가 오천 원이나 천 원짜리가 되지 않듯이 우리는 각자만의 천재성을 분명히 갖고 있으니 자신을 믿고 그 천재성을 마음껏 발휘해보자.

앞서 소개한 주노가 자신을 우주보다 큰 위대한 사람이라는 표현을 했다.

"사람들은 사람은 우주에 먼지조차도 아니라고 하지만 오히려 내가 우주보다 크다. 난 마음에 우주가 들어있고 그 우주를 갈아 치울 수 있는 자신감이 있기 때문에 난 나중에 우주 전체를 뛰어넘는 자가 될 거다. 난 위대하니까"

우리가 모두 바로 그런 마음으로 자신을 바라봤으면 한다. 그것은 결국 세상에서 오직 하나뿐인 나만의 자존감을 가져다줄 것이다. 내 안의 천재성을 발휘할 수 있도록 오늘도 나에게 힘찬 박수를 보낸다.

내 마음의 두 줄 쓰기
: 교실 속 모닝 페이지

우리 반 친구들은 매일 아침이면 학교에 와서 칠판에 적힌 명언을 읽고, 〈글 똥 누기〉 수첩에 마음의 두 줄을 쓴다. 무언가를 꾸준히 한다는 것은 쉽지 않다. 때때로 잊어버릴 수도 있다. 이것을 하는 이유는 간단하다. 대부분의 사람은 자신의 마음을 들여다보지 않고 하루를 시작하지만, 이 작은 활동을 통해 자신의 마음을 들여다볼 수 있기 때문이다. 제출하고 안 하고가 중요한 것이 아니다. 내가 할 수 있는 일은 그저 쓸 수 있도록 지속적인 동기부여를 하는 것이다. 36살 때까지 글이란 것을 써 본 적 없던 내가 글의 위대함을 느낄 수 있었다. 마음의 두 줄 쓰기는 허승환 선생님을 통해 알게 되었다. 그는 한 연수에서 이런 말을 남겼다.

"일기 쓰기 대신 마음의 두 줄 쓰기를 권장합니다."

예전에 내 모습은 통상 해오던 일기를 쓰게 했다. 7줄 이상은 꼭 써오라는 식이었다. 아이들을 위하는 교육이랍시고 글에 대한 자기 생각을 표현하는 것의 중요성을 모른 체 그저 남들이 해오던 대로 교육하기에 바빴다(그렇다고 일기 쓰기가 나쁘다는 것이 아닌 내 경우에는 그저 검사하기에 바빴던 일기 쓰기였다). 그런데 정작 아이들은 열심히 썼는데 선생님인 내가 그것을 잘 읽지 않고 그저 사인하기 바빴기에 이건 아니다 싶었다.

내 마음을 아는지 아이들도 꾸준히 써오는 친구들이 점차 줄어들었다. 나조차 일기를 쓰지 않는데 아이들에게 강요하고 싶지 않았다.

2016년부터 블로그에 나의 삶을 기록하기 시작하면서 글을 쓴다는 것은 참으로 많은 것을 가져다준다는 것을 알게 되었다. 그 뒤로 아이들에게 글쓰기를 많이 강조하곤 한다. 내가 글을 쓰는 기쁨을 느끼니 확신에 차서 지도할 수 있게 된 것이다. 물론 아이들이 내 느낌처럼 똑같이 느낄 수는 없지만 그래도 어떤 친구에게는 그 필(Feel)을 줄 수 있기에 노력한다. 아이들도 편안하게 글을 쓰게 하고 싶어 허승환 선생님의 연수를 통해 부담 없이 다가갈 방법을 실천한다.

'마음의 두 줄 쓰기' 여기에 반드시 댓글을 달아주기로 했다. 달다 보니 아이들과의 비밀소통창구가 되었다. 아이들의 마음을 조금이나마 들여다볼 수 있게 되니 따로 해주고 싶은 이야기도 많이 생겼다. 누군가에게 이 작은 수첩 속에 적는 두 줄로 좋은 영향을 주었을 것이라는 확신도 들었다.

자신의 마음을 글로 표현하는 것은 참으로 중요하다. 생각에서만 머무는 것이 아닌 글로 표현해야 그 생각을 올바르게 바라볼 수 있는 객관화된 자세를 만들 수 있다. 화나면 화난 대로, 기쁘면 기쁜 대로, 슬프면 슬픈 대로 자신의 감정을 오롯이 표현할 수 있는 사람은 다른 이의 마음도 얼마든지 포용할 수 있는 사람이 될 수 있다. 아직 자신의 마음을, 생각을 잘 모르겠다면, 꾸준히 두 줄 쓰기 해보길 바란다. 결국, 그 두 줄을 넘어 수많은 줄을 쓸 수 있는 자가 될 테니 말이다. 이것은 1장 세 번째 이야기에 담은 교실 속 모닝 페이지다.

'생각이나 상상은 그 자체가 물리적 힘을 가진다. 내가 무엇인가를 생각하는 순간 그 생각은 실체의 에너지를 가지며 그 생각은 발현할 준비를 한다. 이 생각이 현실로 나타나는 첫 번째 모습은 그 생각을 시작한 사람이 종이에 글로 적었을 때다.' 김밥 CEO 김승호 회장의 〈생각의 비밀〉에 나와 있는 문구다. 자기 생각을 글로 적어 마음을 바라보고 그 마음을 어루만지게 되면 그 생각은 생각을 넘어 현실에서 발휘된다. 지금 당신의 생각을 두 줄로 써보길 바란다.

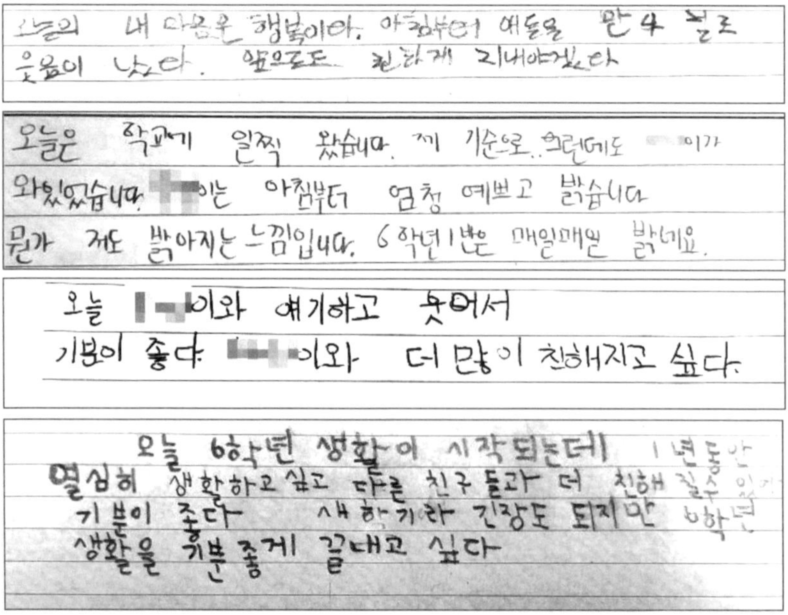
오늘의 내 마음은 행복이다. 아침부터 얘들을 만나서 절로
웃음이 났다. 앞으로도 친하게 지내야겠다

오늘은 학교에 일찍 왔습니다. 제 기준으로.. 그런데도 [redacted]이가
와있었습니다. [redacted]이는 아침부터 엄청 예쁘고 밝습니다
뭔가 저도 밝아지는 느낌입니다. 6학년 1반은 매일매일 밝네요.

오늘 [redacted]이와 얘기하고 웃어서
기분이 좋다. [redacted]이와 더 많이 친해지고 싶다.

오늘 6학년 생활이 시작되는데 1년동안
열심히 생활하고 싶고 다른 친구들과 더 친해질수 있게
기분이 좋다 새 학기라 긴장도 되지만 6학년
생활을 기분 좋게 끝내고 싶다

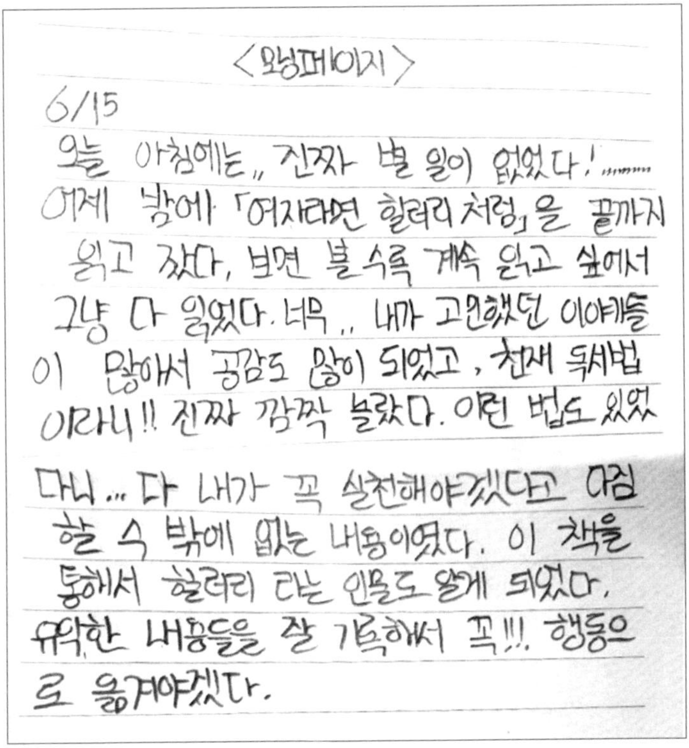

<오늘페이지>
6/15
오늘 아침에는,, 진짜 별 일이 없었다! ......
어제 밤에 「여자라면 힐러리처럼」을 끝까지
읽고 잤다, 보면 볼 수록 계속 읽고 싶어서
그냥 다 읽었다. 너무,, 내가 고민했던 이야기들
이 많아서 공감도 많이 되었고, 천재 독서법
이라니!! 진짜 깜짝 놀랐다. 이런 법도 있었
다니... 다 내가 꼭 실천해야겠다고 다짐
할 수 밖에 없는 내용이였다. 이 책을
통해서 힐러리 라는 인물도 알게 되었다.
유익한 내용들을 잘 기억해서 꼭!!!. 행동으
로 옮겨야겠다.

부모의 자격 중 첫 번째는 자존감이다

> 열등감은 살아가는 데 있어서 자신을 제한하는 강력한 걸림돌이 되기 때문에 자존감을 키워서 내 안의 열등감을 몰아내야 한다. 그러기 위해서는 그동안 나를 규정해왔던 것, 나를 인정해왔던 것에 대한 인식을 버려야 한다. 직업이 뭐네, 집이 몇 평이네, 자동차가 뭐네 하는, 내 어깨를 으쓱하게 했던 것들이 사실은 아무것도 아님을 깨달아야 한다.
>
> 나를 있는 그 자체로 사랑할 수 있어야 한다. 내가 나를 존중하고 나 자신과 평화롭고 아름다운 관계를 맺을 수 있을 때 아이에게도 가르쳐 줄 수 있다. 부모의 자격 중 첫 번째는 자존감이다.
>
> – 이지성 〈내 아이를 위한 인문학 교육법〉 중에서

학부모와 상담할 때가 있다. 학교에서 지정해준 기간, 상담을 요청할 때 등 언제나 열려있다. 이때 부모님께 여쭈어보는 것이 3가지 있다.

* 자녀의 장점 3가지
* 어떤 아이로 자라기를 바라는지
* 궁금한 점이 있다면

아이에 대한 상담으로 어느 정도 윤곽이 드러나면 부모, 개인에 관한 질문을 한다.

"어머님은 어떠한 삶을 살아가길 원하시나요?"

"꿈이 있으신가요?

"꿈을 위해 현재 어떠한 노력을 하는지 궁금해요."

"삶을 살아오시면서 행복했던 순간이 있다면 언제인가요?"

이런 다양한 질문을 한다. 처음에는 낯설어한다. 그런 질문을 누군가가 쉽게 하는 경우가 없었기 때문이다. 나 역시 그러한 질문을 받아본 적이 거의 없이 살아왔다. 감사하게도 나는 아내와 자주 이런 질문들을 서로 주거니 받거니 한다. 그 순간만큼은 생각이 많아지는 시간이다.

"나는 10년 이내에 김진수 하면 독서, 글쓰기, 책 쓰기라는 키워드가 생각나도록 하고 싶어. 힘들어하는 주변 선생님을 도와 그들의 잠재력을 스스로 발견하고 끌어내며 함께 책을 읽고, 글을 쓰며, 책을 쓰는 삶을 살아가는 것이지. 생각만 해도 즐거울 것 같아."

"그렇구나. 그래서 지금 실천할 수 있는 것은 무엇이 있어?"

"매일 책을 읽고, 글 쓰는 것. 개인적으로 1시간 독서를 하고, 1시간 글 쓰는 것을 목표로 체크리스트를 채워가고 있지. 당신은 어때?"

"나도 여보와 비슷한데 아이들 키우는 엄마들과 자신의 꿈과 비전을 찾아갈 수 있는 프로그램을 개발하여 함께 연대하고 싶어. 그러기 위해 나 역시 꾸준히 책을 읽고, 기록하며, 배우기를 힘쓰고 있지. 갑자기 드는 생각인데 이런 이야기를 하는 부부가 얼마나 있을까?"

서로 꿈 이야기를 할 때 시간 가는 줄 모르고 이야기꽃이 핀다. 이런 대화를 학부모와도 심심찮게 나누는 편이다. 상담 시간이 길어진다. 나는 질문을 던지고 주로 들어주는 역할을 한다. 무슨 인생에서 솔루션을 제공하고자 하는 것이 아닌 부모 스스로 생각하고, 말하면서 나름 정리해 나가는 모습을 보며 경청하는 것만큼 좋은 솔루션은 없다는 생각이다.

아이의 문제로 결국, 눈물을 흘리고 가는 분도 있다. 질문을 통해 결국 부모인 자신을 인지하기 시작하기 때문이다. 1시간, 2시간, 3시간이 흘러갈 때도 잦다. 그만큼 할 이야기가 많은 분이다. 시간이 전혀 아깝지 않다. 그 자체만으로도 아이와 함께 성장하는 부모의 모습이 느껴질 때가 많다.

개인적으로 부모님과 대화하는 시간이 좋다. 내 삶을 이야기하기도 하고, 부모의 삶을 이야기도 나누기도 하니 짧은 시간이지만 유대가 형성되는 소중한 시간이다. 깊은 대화를 하고 간 부모님과는 동지애도 느끼니 '교사-아이-학부모'가 함께 성장하는 교육 연대를 만들어갈 수 있다. 많은 분이 이야기한다. 아이의 문제가 아닌 부모 자신의 문제였다고…. 앎을 넘어 실천하는 분들을 보면 참으로 그 아이의 미래, 가정의 미래가 소중하게 다가온다.

그 임금을 알고 싶거든 먼저 그의 신하를 보라.
그 사람을 알고 싶거든 먼저 그의 친구를 보라.
그 아버지를 알고 싶거든 먼저 그의 아들을 보라.

> 임금이 성군이면 그 신하가 충성스러운 법이다.
> 아버지가 인자하면 그 아들이 효성스러운 법이다.
>
> – 〈명심보감〉 왕량

부모의 자존감이 그래서 중요한 이유다. 그런 모습을 보고 아이의 자존감이 형성되기 때문이다. 책 속에서는 좀 더 격하게 표현해서 부모의 자격 중 첫 번째라고 한다. 교실 속 아이들의 자존감을 조금이나마 높이기 위해 아이들과 함께 호아킴 데 포사다 〈바보 빅터〉에 나온 한 장면을 토대로 영상을 만들어 보기도 했다. 내용은 이렇다.

> 러시아의 어느 시골 마을에 발레리나를 꿈꾸는 소녀가 살고 있었다. 소녀는 꿈을 이루기 위해 열심히 발레를 연습했고 또래보다 앞서나갈 수 있었다. 소녀는 기량이 발전할수록 더 어려운 기술을 배워야 했다. 그만큼 실패하는 횟수가 많아졌다. 시간이 지날수록 소녀의 마음 깊은 곳에서는 의구심이 들기 시작했다.
>
> '과연 나에게 재능이 있는 것일까?'
>
> 소녀가 재능에 대한 회의에 시달리던 어느 날, 마을에서는 세계 최고의 무용수가 방문하는 행사가 벌어졌다. 소녀는 자신의 재능을 확인하기 위해 행사장으로 달려갔다. 소녀는 무용수에게 간청했고, 마침내 그 앞에서 춤을 출 수 있는 행운을 얻게 되었다. 소녀는 떨리는 마음을 추스르고 춤을 추기 시작했다. 하지만 무심한 눈으로 소녀를 바라보던 무용수는 1분도 채 지나지 않아 손사래를 쳤다.
>
> "그만! 너처럼 뻣뻣한 아이는 생전 처음 보는구나. 넌 재능이 없어."

청천벽력 같은 말이었다. 내가 재능이 없다니, 소녀는 부정하고 싶었지만 그럴 수가 없었다. 그건 다름 아닌 세계 최고의 무용수가 내린 평가였다. 결국, 소녀는 재능이 없다는 사실을 인정하고 발레를 포기하고 말았다. 그 후 소녀는 평범한 가정주부가 되었다.

세월이 흐른 어느 날, 또다시 시골 마을에 무용수가 방문하는 행사가 벌어졌다. 여인은 행사장에서 은퇴한 무용수를 만날 수 있었다. 여인은 그를 보자 좀처럼 풀리지 않는 의문이 하나 생각났다.

"오래전 당신은 이 자리에서 내게 재능이 없다고 말했죠. 그런데 요즘 생각해보니 뭔가 이상한 점이 있어요. 당신이 아무리 세계 최고의 무용수라 해도 말이죠. 어떻게 단 1분 만에 어린 소녀의 가능성을 알아볼 수 있었죠?"

그는 예전처럼 무심한 표정을 지으며 말했다.

"당연히 알 수 없죠. 난 신이 아니니까."

여인은 정신이 멍했다. 한 소녀의 꿈을 포기하게 만든 장본인이 어떻게 그런 무책임한 대답을 할 수 있단 말인가? 여인은 그에게 온갖 비난을 쏟아냈다. 그러자 무용수는 오히려 여인에게 소리쳤다.

"당신이 남의 말을 듣고 꿈을 포기했다면, 성공할 자격이 애초에 없었던 겁니다."

– 호아킴 데 포사다 〈바보 빅터〉 중에서

아이들과 만든 영상에 나온 것처럼 자신의 가능성을 마음껏 열어보면 좋겠다고 생각해보곤 한다. 그것을 이루는 첫 번째, 자존감은 반드시 드높여야 한다. 부모부터 말이다.

〈밀알메이션〉
러시아 발레리나 소녀의 꿈

제4장

사색과 쓰기의 힘

모든 생각을 쓰다

이번 장의 핵심은 생각을 글로 끌어냄이다. 이미 앞서 독서, 사진, 교육 등 다양한 일상 속에서 생각을 끌어내는 것에 관해 이야기했다. 매일 우리는 많이 경험한다. 오감을 총동원하여 얻어진 경험이다. 다만 그것을 기록하고 글을 쓰는 사람은 별로 없다. 역설적으로 표현하면 내가 경험하는 것에 관한 생각을 글로 표현하면 그 얼마 안 되는 사람들 안에 든다는 이야기다. 그저 내 생각을 쓰면 된다. 씨줄과 날줄처럼 하나씩 엮어가면 어느새 기대 이상의 작품이 된다.

영화 볼 때 당신은 무슨 생각을 하며 보는가? 아니 어떤 것을 하면서 보는가? 글의 매력을 느끼기 시작하며 새로 생긴 습관은 영화를 볼 때 펜을 준비한다는 것이다. 생각을 끌어내는 명장면이나 명대사를 만나면 거침없이 키워드로 메모한다. 영화가 끝나고 그 키워드를 통해 글감을 떠올려서 바로 글을 쓴다. 글을 쓰면서 영화를 한 번 더 보는 격이다. 영화 복습을 하니 영화에서 얻는 사색이 한 두 가지가 아니다. 이렇게 글로 남긴 영화는 장기 기억으로 넘어가 꺼내고 싶을 때 언제든지 꺼낼 수 있다. 하지만 그냥 본 영화는 점점 기억에서 잊혀 간다. 이번 장에서는 〈해리포터〉, 〈주먹 왕 랄프〉, 〈허리케인 카터〉 등 영화를 통해 끌어낸 생각 글을 나누려 한다.

기사를 읽을 때 당신은 무슨 생각을 하는가? 그저 읽고 끝나는 것은 아닌가? 여기서도 내 글쓰기 습관이 발휘된다. 생각을 끌어내는 글을 만났을 때는 어김없이 읽던 것을 잠시 멈추고 바로 기사와 생각이 연결되는 한편의 글을 쓴다. 일명 자신만의 칼럼이 되는 것이다. 매일 칼럼 쓰는 글쟁이가 된다. 누가 쓰라고 하지 않아도 자동이다. 그래서 더욱 재밌다. 즐길 수 있으니 글은 언제나 내 곁에 있게 된다.

매일 스포츠 뉴스를 즐겨 읽는데 스포츠 선수들에게 배울 수 있는 것 중 2가지를 이번 장에서 나누었다. 추신수를 통해서는 나만의 루틴을 만드는 것, 한 축구선수를 통해서는 비난에 대처하는 방법에 대한 것이다.

여기에 쓰인 글은 그저 일부분에 불과하다. 나는 매일 이렇게 글을 써나가고 있다. 내가 여기서 말하고 싶은 것은 글감을 먼 곳에서 찾으려고 하지 마라. 내 주변에 쌓이고 쌓인 것이 바로 글감이기 때문이다. 일상에서 발견하면 된다.

다시 한번 말하지만, 발명이 아닌 발견이다. 이미 수많은 글감이 나를 부르고 있다. 생각과 연결해 달라고 말이다. 발 없는 말이 천 리 간다는 말을 이렇게 표현하고 싶다. 발 없는 글은 만 리를 간다. 그동안 가지 못했던 그 먼 길을 함께 떠나보자.

해리포터
: 9와 3/4 승차장으로 가는 길

"일을 시작하지도 않고서 우리는 얼마나 자주 불가능하다고 이야기하는가?
얼마나 자주 우리는 자신을 부적당한 사람이라고 생각하는가?
모든 것은 우리가 선택한 사고방식에, 그리고 그것들을 지속해서 받아들이는 데 달려있다."

– 피에로 페루치

어떤 것을 시도할 때 두 명의 자아가 늘 토론을 하곤 한다. 한쪽에는 '시도해봐! 해보지 않고서는 그 과정과 결과를 알 수 없잖아? 한 번 시도해봐야 후회는 없지 않겠어?'라 이야기를 한다. 다른 한쪽에서는 '네가 가능할 것 같아? 다른 사람들도 해내지 못한 일인데. 주변을 봐봐. 네가 생각한 것처럼 된다면 다른 사람들은 왜 하지 않겠어? 후회하지 말고 그냥 있어. 가만히 있으면 중간은 가잖니.'라 이야기한다.

감사하게도 내 성향은 주로 전자 쪽이었기에 하고 싶은 것이 생기면 한번 부딪혀 보곤 했다. 물론 모두 다 생각대로 100% 성공한 것은 아니지만 중요한 것은 시도하지 않아서 생기는 후회는 없다는 점이다. 잘되지 않았어도 일단 해보니 그것은 곧 살아있는 경험 지혜로 나에게 큰 도움이 되고 있다.

'나는 안될 거야'라는 사고방식과 결별을 선언한 순간, 그 뒤로 도전, 또 도전을 외치며 우물의 깊이를 조금씩 파곤 했다. 때로는 생각지도 못한 깊이에서 우물 샘이 터지기도 했다. 독서, 글쓰기, 책 쓰기 분야가 나에게 있어서는 그런 곳이었다. 주변에서도 처음에는 '네가 무슨.' 이란 시선으로 나를 바라봤지만(물론 당시에는 내색하지 않아서 몰랐지만 지나고 나서 자신의 속마음을 말해준 고마운 지인도 있었다.) 시선에 아랑곳하지 않고 내면의 소리에 귀를 기울이며 묵묵히 책을 읽고, 글을 쓰며 하루하루의 삶이 모이니 어느덧 책으로까지 연계되어 말로만 듣던, 아니 상상에서만 이루어졌던 책 쓰기 세계를 경험하게 되었다. 생각지도 못한 새로운 세상에 눈을 뜨게 된 것이다.

이를 이렇게 표현하고 싶다. 영화 해리포터 〈마법사의 돌〉에 나오는 9와 3/4 승차장으로 가는 길이라고…. 해리포터의 한 장면에서 벽을 향해 돌진한다. 벽을 통과할 수 있다는 믿음을 가지고 말이다. 그는 결국 벽에 부딪히지 않고 벽을 통과하여 호그와트 마법학교로 갈 수 있는, 마법 기차를 탈 기회를 얻게 된다.

〈해리포터〉 영상

어떤 일을 할 때도 '불가능한 일이야!', '나는 부적당한 사람이야'라는 말보다는 '어쩌면 나도 할 수 있겠는데', '좋은 경험이 될 거야.'라며 자신을 독려한다. 우리 반에서 앞서 이야기한 굿네이버스 주관으로 하는 희망 편지쓰기 대회 공모전을 준비하고 있었다. 어느 한 친구가 이런 말을 했다.

"선생님, 그런데 이 편지 쓴다고 당선이 되겠어요? 우리 말고 수많은 친구가 쓸 텐데 제 것이 될 거라는 확률도 거의 없잖아요."

대부분의 아이가 이런 마음으로 도전하니 기대감 없이 활동했을 것이다. 나는 이런 말로 화답하였다.

"맞아! 확률은 희박하지만, 만약 그 확률에 내가 들어간다고 생각한다면, 더 도전의식이 불끈불끈 솟지 않니? 선생님도 수많은 것들을 도전하면서 모두 성공한 것은 아니었지만 그래도 그중에 생각지도 못한 상을 받은 적도 많았어. 그때의 성취감도 좋았고, 나도 할 수 있다는 자신감도 생겼지. 그리고 만약 그것이 상으로 연결되지 않더라도 얼마나 좋은 경험이 되겠니? 네가 쓴 편지로 인해 그 친구가 삶의 희망을 품을 수도 있다고 생각해보면 지금 우리가 하는 이 행위는 전혀 작은 것이 아닌 특별한 하나의 행위가 되겠지! 어떤 일을 하더라도 우리가 생각하기 나름 같아. 어때? 함께 도전해보지 않을래?"

결국, 그 희박한 확률을 뚫고 3명이나 수상했다. 수상을 넘어 우리의 도전은 헛된 것이 없다는 것을 아이들과 함께 나눌 수 있었다.

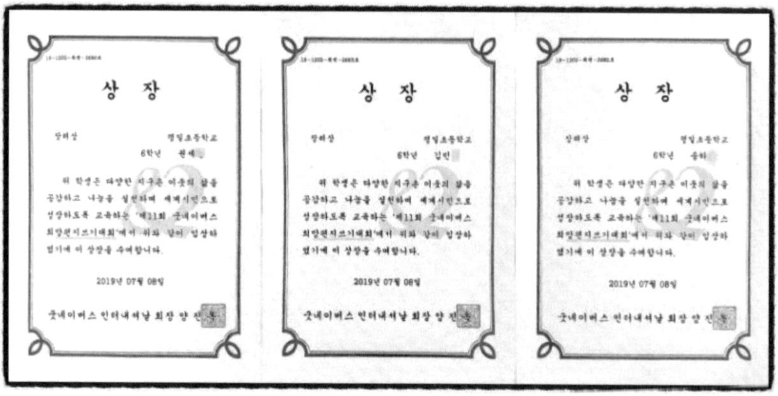

지금도 나는 새로운 도전을 꿈꾸고 있다. 이때 부정적인 메시지보다는 긍정적인 메시지로 나를 무장시킨다. 나는 할 수 있다. 그리고 이 경험은 삶을 살아가는 데 있어서 그 무엇과도 바꿀 수 없는 소중한 삶의 에너지가 될 것이기 때문에 앞으로도 도전의식을 갖고 합리적인 선택을 통해 지속해서 성장하는 삶을 살아가리라 다짐한다.

주먹왕 랄프
: 내가 할 수 있는 일

자녀들이 6살이 되니 좋아진 점이 하나 있다면 바로 영화를 함께 볼 수 있다는 점이다. 언젠가는 〈주먹왕 랄프〉를 봤다. 1990년대 오락실을 주름잡았던 나로서는 아주 흥미진진하게 본 영화다. 옛날의 추억이 되살아나는 듯한 느낌이 들었다. 과거의 나에게 오락실은 내 삶의 중요한 부분을 차지하고 있었기 때문에 오락하면 할 말이 너무나 많은 '나'이다.

〈주먹왕 랄프〉는 타인에게 인정받기 위해 다른 오락실 게임에 등장하는 악당 캐릭터가 다른 게임까지 넘나들면서 메달을 가지려고 다양한 모험을 하는 이야기이다. 그중 주인공 랄프가 다른 게임캐릭터인 깜빡이라는 어린 친구를 만나게 되는데 결국 깜빡이의 꿈인 레이서 경기 우승을 돕게 되면서 자신이 진정으로 해야 할 일을 깨닫게 되는 감동적인 이야기다.

〈주먹왕 랄프〉 영상

감명 깊은 장면이 있었다. 깜빡이가 자동차경주에서 1등을 해서 메달을 딸 수 있게 랄프가 도와주면 메달을 랄프에게 주기로 하였다. 랄프는 깜빡이의 제안을 받아들인다. 금방이라도 메달을 얻어 자신의 게임으로 돌아가서 다른 친구들의 인정을 받을 수 있을 것 같았던 그때 깜빡이가 랄프에게 청천벽력같은 말을 한다.

"아저씨, 사실 나 운전 못 해요."

메달은커녕 운전도 하지 못하는 깜빡이에게 현실이라면 바로 화내고 짜증을 냈을 텐데, 랄프는 잠시 뜸을 들이다가 화가 났는지(제삼자의 눈으로 보기에는) 두 주먹으로 땅을 두드리기 시작한다. 크게 원을 그리면서…. 그렇게 주먹으로 두드린 땅을 다시 보니 깜빡이의 훈련을 위한 멋진 경기장이 되어있었다.

삶의 터닝포인트가 될 하나의 명장면이라고 생각했다. 불평하기보다 지금 자신이 할 수 있는 것을 하는 랄프를 보면서 감명받았다. 누군가가 능력 발휘를 잘할 수 있도록 판을 깔아준 진정한 멘토의 모습도 볼 수 있었다. 〈주먹왕 랄프〉는 내가 지금 아이들을 위해 어떤 것들을 할 수 있는지 생각해 볼 수 있는 시간을 선사했다. 레이서가 꿈인 깜빡이에게 훈련장을 제공해주는 일, 할 수 있다는 자신감을 심어주고, 함께하는 삶! 진정한 교육자의 태도를 이 애니메이션을 통해 알게 되었다. 생각이 많아진 나는 잠자리를 박차고 일어나 내 곁에 있을 또 다른 깜빡이(아이)에게 필요한 경기장을 만들어 줄 수 있도록, 지금 내가 할 수 있는 일들을 하나씩 적어간다.

1. 눈 마주치며 아침에 인사하기

2. 고운 말 쓰기

3. 하루에 한 마디라도 친구와 이야기하기

4. 1일 1 놀이 하기

5. 함께 웃을 수 있는 긍정적인 미소를 끊임없이 발산하기

⋮

쓰다 보니 어느덧 100가지가 넘었다. '내가 할 수 있는 일이 이렇게 많았구나!' 이제 경기장을 만들어 준 랄프처럼 판을 깔아주면 된다. 랄프처럼 주먹이 크지 않으나 나의 열정으로 아이들의 잠재력을 키워주겠다.

허리케인 카터
: 독서, 기록, 글쓰기, 책 쓰기, 만남, 나눔

복서영화를 좋아한다. 〈록키〉 1편~5편까지 계속 반복해서 볼 정도로 좋다. 우연히 한 포스터를 보고 영화시청을 하게 되었다. 비운의 인종차별 받은 복서 이야기, 실화를 바탕으로 만든 영화 〈허리케인 카터〉다. 선이 악을 이기는 이야기로 많은 생각을 들게 하는 영화였다. 복싱 영화를 좋아해서인지 처음부터 마지막까지 몰입해서 봤는데 우연히 영화 속에서 내가 좋아하는 키워드인 독서, 기록, 글쓰기, 책 쓰기, 만남, 나눔 등 모두 만날 수 있었다. 영화 속에 나온 대사를 통해 이야기를 나누고자 한다.

1. "책은 그 주인을 스스로 찾는다더라."

영화에서 가정이 깨져 문제아가 된 흑인 청년 레스라가 나온다. 그와 이 친구를 돕는 캐나다 사람들! 헌책방에 가서 무더기로 쏟아져 내린 책 중에서 레스라는 한 권을 책을 집어 드는데 그것이 바로 영화의 주인공 〈허리케인 카터〉의 삶의 이야기가 적힌 책이었다. 난생처음으로 산 책이 결국, 이 레스라의 인생을 변화시키는 전환점이 된다. 천 원도 안

되는 돈으로 한 사람의 인생이 담겨 있는 책 한 권과 만났고 그를 통해 일어나는 변화들은 실화를 영화로 만들었다. 영화 같은 인생의 기회는 책 안에서 당신을 기다리고 있다.

2. "책도 많이 읽었다."

자신의 잘못도 아닌데 인종차별로 인해 감옥에 갇힌 복서 카터. 그는 그곳에서 많은 것을 만나는데 그중 하나가 독서였다. 수많은 책이 결국 카터를 세상을 향한 증오를 떨쳐버리고 사랑으로 세상에 맞서는데 큰 작용을 한다. 그는 이런 말을 남기기도 했다.

"증오로 감옥에 갇혔지만, 사랑으로 풀려나는구나!"

김대중 전 대통령도 감옥에서 독서를 만나게 되었다고 회고한다. 그의 회고록을 보면 대단한 결의에 찬 용사 같다.

"감옥 생활의 네 가지 즐거움 중 첫째는 독서였다."

3. "꼭 내 얘기 같아서 책을 놓을 수가 없었어요."

레스라는 생전 처음으로 책을 몰입해서 읽었다. 글자도 잘 못 쓰는 친구가 자신의 처지와 비슷해 보이는 한 사람이 어떻게 삶을 바라보고 생각하는지 궁금해서 책에 빠져들었다. 내가 자기계발서, 평전, 위인전 같은 성공자 독서를 좋아하는 이유도 이와 같다. '이 사람은 어떻게 이런 처지에서 성공할 수 있었을까?' '어떻게 포기하지 않고 지금의 인생을 살아갈 수 있었지?' 끊임없이 저자와 대화를 하면서 읽으니 머리에, 가슴에 깊이 새겨진다. 그리고 그중 나에게 어울리는 실천법을 적용함으로써 나도 함께 변하게 된다.

〈자기 혁명〉의 저자 시골 의사 박경철이 이야기하듯 책을 통해 '훌륭한 도둑질'을 하는 것이다. 책 속에 있는 지혜를 단돈 2만 원도 안 되는 금액으로 도둑질할 수도 있다니. 이렇게 가치 있는 것이 또 어디 있단 말인가. 수많은 변화된 사람들이 하나같이 이야기를 힌다. '성공자 독서를 해라!' 위인전, 평전, 전기문, 자서전 등을 읽으면서 그들의 성공에너지를 내 것으로 만든다.

4. "카터 선수는 모든 걸 혼자 해냈어요."

결국, 삶에서 무엇인가를 해낼 힘은 자신에게 깃들어 있다. 누군가의 도움도 물론 중요하지만, 자신의 의지를 통해 이루는 것이 더욱 값진 일이다. 그것은 곧 자신을 믿는 자신감을 가져오고, 자아효능감을 비롯해 다른 사람의 가능성도 보는 힘을 가져온다. 혼자 내딛는 힘은 곧 비유어셀프(Be yourself), 너 자신이 되는 진정한 자아를 형성하게 한다.

5. "오직 정신, 영혼만이 살아있었다."

카터의 이 대목에서 〈죽음의 수용소에서〉의 빅터 프랭클 박사가 그려졌다. 그의 모습을 보면 이렇다. 2차 대전 당시 오스트리아의 심리학자 빅터 프랭클은 나치에게 체포되어 그 악명 높은 아우슈비츠 수용소에 갇혔다. 프랭클은 그런 최악의 상황에서도 나치들의 통제가 미치지 않는 곳이 딱 하나 있다는 사실을 발견했다. 바로 자신의 내면이다. '지금 내가 겪고 있는 일을 어떻게 받아들일 것인가? 그들은 내가 가진 모든 것을 송두리째 빼앗아 갔다. 그러나 아직도 나의 태도를 선택하는 힘은 나에게 있다.' 똑같은 상황이더라도 어떤 선택을 하느냐에 따라 삶은 확실히 달라질 수 있다.

6. "책이 내게 큰 의미였단 말하려는 것뿐이에요. 제겐 정말 특별한 의미의 책이었어요."

한 권의 책이 이렇게 누군가를 변화시킬 수 있다는 것이 얼마나 놀라운지 모른다. 그래서 우리는 더욱 우리의 삶을 기록으로, 글로, 책으로 남겨야 한다. 누군가는 내 인생 속에서 한 줄기의 희망을 볼 수 있기 때문이다. 글로 만나는 누군가를 위해 오늘도 글을 쓴다.

7. "실망에 깊이 들어버린 이들은 성공의 계기가 될 작은 일조차 제대로 못 챙기지"

내가 알게 된 엄청난 문구가 있었다. 바로 이런 문구였다. '성공자는 비슷한 요인으로 성공하지만, 실패자는 자신만의 합리화된 수많은 변명으로 인해 실패한다.' 생각해보니 고개가 끄덕여진다. 성공자들은 하나같이 이야기를 한다. '오늘을 마지막인 것처럼 살아라, 책을 읽어라, 기록해라, 글을 써라, 운동해라, 우선순위의 삶을 살아가라, 가슴 뛰는 것을 해라.' 등 우리가 통상 누구나 알고 있는 것들을 외친다. '누가 몰라서 그래? 그래서 어떻게 하면 되는지를 알려 달라고….'

많은 사람이 그토록 이야기해도 실천하지 않으니 어제와 똑같은 일상이 반복된다. 변화 없이, 다람쥐 쳇바퀴 도는 인생을 살아간다. 그것도 아주 열심히…. 어제보다 더 나은 성장을 보이는 자신을 만나지 못하는 두려움을 어느 순간 직면하면 그것은 곧 정신적으로도 영향을 미치게 된다. 성공자들은 하나같이 이야기를 한다. '아주 작은 습관의 힘을 통해 작은 것부터 하나씩 자신의 것으로 만들어라.' 일상 속에 이미 성공의 작은 씨앗이 담겨 있다. 그것을 볼 수 있는 눈은 그냥 길러지는 것이 아닌 꾸준한 훈련을 통해 만날 수 있는 고귀한 힘이다.

8. "제 삶을 아저씨 삶과 비교해 생각해 봤어요."

제자들에게 롤모델의 중요성을 이야기하곤 한다. 그것이 있고 없고는 큰 차이가 분명히 존재한다. 우리가 생각하는, 그리는 미래상은 누군가에게 있어 이미 그 흔적을 남겨왔을 가능성이 크다. 롤모델이 걸어온 길을 가면 시행착오를 줄일 수 있게 된다. 함께 사는 세상에 있으면 직접 만나면 좋고, 그렇지 않으면 그의 관련된 책을 읽으면 언제든지 직접 이야기를 나누듯 소환할 수 있다.

나의 경우 링컨 대통령을 롤모델로 하고 있다. 직접 만날 수는 없지만, 그의 관련된 책을 읽으며 그의 삶을 본받기 위해 노력한다. 누군가를 욕하고 싶을 정도로 화가 나도 그의 조언을 잊지 않고 행하기 위해 노력합니다. 롤모델의 말이니 그의 조언을 지키려고 애쓴다. 그런 식으로 롤모델이 걸어온 길을 걷다가 마지막 한 걸음은 자신만의 길을 간다. 서서히 자기 주도적인 삶을 살아가는 사람이 되는 것이다.

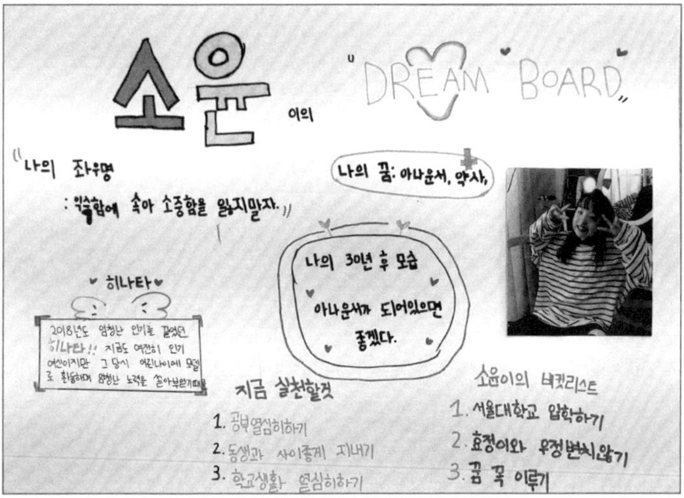

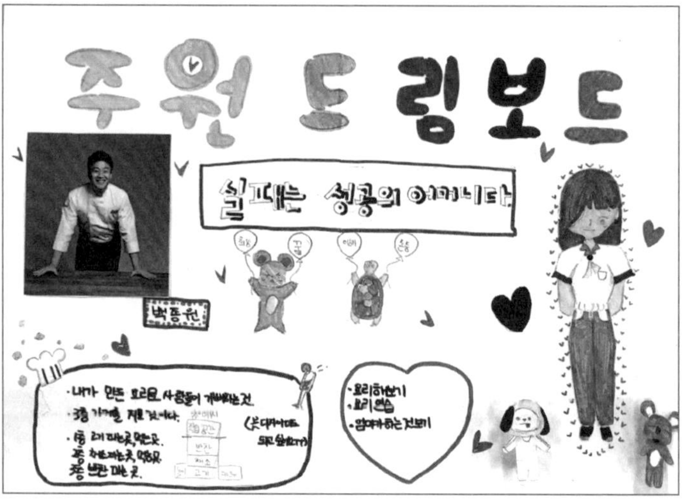

아이들의 꿈이 담긴 [드림 보드]에도 롤모델을 넣어서 제작한다. 지속해서 시각화함으로 그를 닮아가려는 노력을 의식적인 의지를 갖게 하기 위함이다. 그저 사는 것이 아닌 진정으로 가슴 뛰는 삶을 살기 위해 롤모델은 수반되어야 한다.

9. "굴레를 벗어났으니까 희망은 벌써 전한 거야."

삶의 굴레를 벗어나기 위해 몸부림쳤을 때가 있었다. 정신적인 압박이 강력했던 시기였기에, 누구보다 굴레를 벗어나고 싶었지만 쉽지 않았다. 하지만 결국 그곳을 벗어나면서 희망이 보이기 시작했다. 그리곤 그 희망을 다시 누군가에게 전하기 위해 나눈다.

10. "글이란 정말 마술과도 같단다. 처음으로 글을 쓰기 시작했을 때 글이란 이야기 전달 이상의 것임을 알았지."

32살 독서를 만나고 37살 글을 쓰기 시작한 뒤 38살 첫 책 〈독서교육 콘서트〉, 39살 두 번째 책 〈교사가 성장하면 수업도 성장한다〉, 40살 공저 〈선생님 마음의 온도〉, 41살 공저 〈책에 나를 바치다〉 외 3권을 출간하였다. 독서를 시작하면서, 그 에너지가 5년 뒤 기록으로 전이되었고, 기록이 어느 정도 쌓이자 글이 되었는데 그 뒤로 글이란 것은 나를 마법의 세계로 인도해줬다. 〈허리케인 카터〉 영화를 통해 독서와 글에 대한 주인공의 이야기가 나오니 더 집중되는 대목이다.

11. "하지만 명심해 선생이 누구든 배우고 익히는 건 네게 달렸어."

결국, 마지막 걸음은 혼자서 내디뎌야 한다. 헤르만 헤세의 말이 내 책상에 붙어있다. 이유는 결국 마지막 걸음은 내 힘으로 혼자 디뎌야 하기 때문이다.

> 세상에 길은 수없이 많지만 모두가 목적지는 같다. 말을 타거나 차를 타고 달릴 수 있고 둘이서, 셋이서 달릴 수도 있지만 마지막 걸음은 혼자서 디뎌야 한다. 이 때문에 모든 고난을 혼자 짊어지는 것보다 더 나은 지식도 능력도 없다.
>
> – 헤르만 헤세

좋은 부모, 좋은 선생님, 좋은 책, 좋은 친구들이나 사람들로부터 혼자 배우고 익히는 것을 깨닫고 나아간다면 누구나 행복하고 가슴 뛰는 삶을 살아갈 수 있을 것이다. 영화를 통해 삶을 읽을 수 있어서 매우 기쁘다.

추신수의 열린 자세
: 나만의 루틴을 만들어라

한때 2019년 한해 최고의 시즌을 보낸 추신수 선수의 기사가 지속해서 나오고 있었다. 메이저리그 기사를 즐겨 읽는 나로서는 추신수 선수의 기사는 챙겨보곤 한다. 읽다가 내 것으로 만들고 싶은 것이 있으면 글을 써서 기록으로 남긴다. 기록은 곧 실천으로 연결되어 삶에 녹아든다.

그는 여전히 열린 자세를 하고 있다. 추신수는 이런 말을 남겼다. "내 루틴은 유지하겠지만, 어떻게 하면 더 좋아질 수 있는지 고민한다." 매일 새벽 5시 기상을 시작으로 꾸준히 노력하고 있는 추신수! 전성기를 지난 30대 후반의 나이가 되어서도 이런 루틴은 그를 더욱 진화시키고 있다. 그의 진화에 대한 비결이 이 한마디에 있었다. '어떻게 하면 더 좋아질 수 있지?' 추신수의 루틴에 관한 기사를 접하고 나서 이런 글을 썼다.

"드디어 터진 추신수 선수의 통산 200홈런! 아시아 선수 최초 200홈런 고지를 밟는 추신수인데요. 개인적으로 메이저리그 한국인 선수들의 활약에 고무적으로 바라보고 있기에 스포츠 뉴스를 자주 챙겨보는 편입니다. 추신수의 근면은 예전부터 알고 있었는데 오늘 기사를 보면서 더욱 배워야겠다고 생각해봅니다.

정약용 선생님께서 조언해주신 삼근계를 추신수 선수는 지키면서 빛을 발하게 됩니다.

"저처럼 둔한 데다 막히고 답답하여 어근버근한 아이도 공부해서 학문을 이룰 수 있습니까?"

황상의 말을 들은 다산은 조금도 주저하지 않고 다음과 같이 대답하였다.

"부지런히 노력하면 안 될 것이 없다. 부지런하고 부지런하고 부지런하면 무엇이든 이룰 수 있다.

– 김병완 〈선비들의 평생 공부법〉 중에서"

근면은 정말 중요한 것 같습니다. 그중에서 강력한 힘을 주는 것은 개인적으로 새벽 루틴에 있다고 생각합니다. 비가 오나 눈이 오나 지켜지는 새벽 루틴. 우연인지 추신수는 새벽 5시의 힘을 실천하고 있었음이 인터뷰에서도 보입니다.

로빈 샤르마의 저서 중 〈변화의 시작 5 AM 클럽〉이 있는데 여기서 새벽 5시 기상의 힘을 잘 이야기하고 있습니다. 이를 꾸준히 이뤄낸 사람에게 주어지는 한 문장이 있습니다.

"당신 안에 영웅이 있다."

추신수 선수는 진정한 실천가라는 생각이 듭니다. 고로 그는 진정한 영웅이 되었습니다. 자랑스러운 한국인입니다!~ 축하드립니다."

언제나 일정한 루틴 속에서 조금 더 나아지기 위해 끊임없지 자신에게 질문하고 실천하는 그이기에 전성기를 맞이했다고 생각한다. '평생 해왔던 것을 똑같이 해오고 있다. 루틴을 버리지 않고 갖고 가려고 노력하고 있다. 경기하기 위한 준비 과정이다. 그것 이외에는 특별히 하는 건 없다.' 수많은 성공자는 이렇게 한목소리를 낸다. '나만의 루틴으로 꾸준히 평생 실천한다.'

당신의 삶을 극적으로 변화시키고자 100㎞ 달리기를 할 필요도, 박사학위를 딸 필요도 없다. 자기 자신을 완전히 리셋하고 재발견하고자 몸부림칠 필요도 없다. 누군가 강력한 효과를 본 것을 자신에게 적용해 루틴을 만들고 성과로 이어질 수 있게 하는 꾸준한 노력이 결국엔 큰 것이 되기 때문이다.

(중략)

그리고 당신만의 루틴과 전략을 완성하게 될 것이다.

– 팀 페리스 〈타이탄의 도구들〉 중에서

〈타이탄의 도구들〉에서 팀 페리스도 루틴을 강조한다. 나는 변화라는 키워드를 좋아한다. 내 삶이 글쓰기로 변화되었기에 특히 좋아한다. 변화를 끌어내는 데는 다양한 방법이 있지만 다른 사람이 이미 이룬 것을 통해 벤치마킹해서 자신의 삶에 대입하는 것이 가장 쉽고 빠른 길이다. 내 인생은 철저하게 베끼는 인생이다. 가만히 자신을 들여다보면 지금의 내 모습은 누군가의 삶을 보고 따라 하는 것이라는 사실이다.

책을 읽고, 기록하며, 글을 쓰다 보니 나만의 루틴을 만들게 되었다.

하루를 시작하고, 마무리하는 자신만의 루틴이 정말 중요하다고 생각한다. 이것은 곧 습관을 형성하고, 결국 인생을 만들어가기 때문이다. 새벽 기상 후 일정한 루틴으로 하루를 시작한다.

〈독서천재가 된 홍 대리〉를 통해 책을 읽게 되었고
〈뜨겁게 나를 응원한다〉를 통해 필사하게 되었고,
〈미라클 모닝〉을 통해 더욱 새벽 기상을 하게 되었고,
〈청소력〉을 통해 5분 청소하는 습관을 갖게 되었고,
〈일독일행 독서법〉 유근용 작가의 강연을 통해 매일 팔굽혀펴기를 하게 되었고,
목사님의 조언을 통해 10분 성경 읽기로 하루를 먼저 시작하게 되었고,
정약용을 통해 발췌 독서 기록을 하게 되었고,
김종원, 이은대, 김민식 작가 등을 통해 매일 글 쓰는 삶을 살게 되었고,
아이비 리를 통해 6가지 우선순위를 해나가는 삶을,
이지성, 오프라 윈프리를 통해 감사일기의 힘을,
공신 강성태를 통해 스톱워치 공부법의 효능성을,
수많은 저자를 통해 독서의 절실함 등을 알게 되고, 실천할 수 있음에 감사하다.

지난 2017년 3월 19일부터 미라클 모닝을 통해 나만의 시간을 갖고 하루를 시작하면서 루틴을 새롭게 추가하며 만들어가니 삶이 풍요로워진다. 하루 30분만 자신의 루틴을 만들어도 메리케이애시 회장의 말처럼 1년을 13개월 사는 효과를 얻을 수 있게 된다.

이번에는 학급을 들여다보자. 학급을 좀 더 가치 있게 만드는 것 또한 루틴이다. 학기 초가 되면 아이들과 일과(데일리 루틴)를 논의한다. 함께 소통하는 가운데 스스로 자신이 해야 하는 바를 익히기 위함이다. 아침 시간, 쉬는 시간, 점심시간, 수업 시간, 전담시간, 청소시간, 체육 놀이 시간, 줄 서서 이동하는 시간 등 총 8개 영역에서 우리가 할 수 있는 일들을 모둠원들과의 소통을 통해 찾아간다.

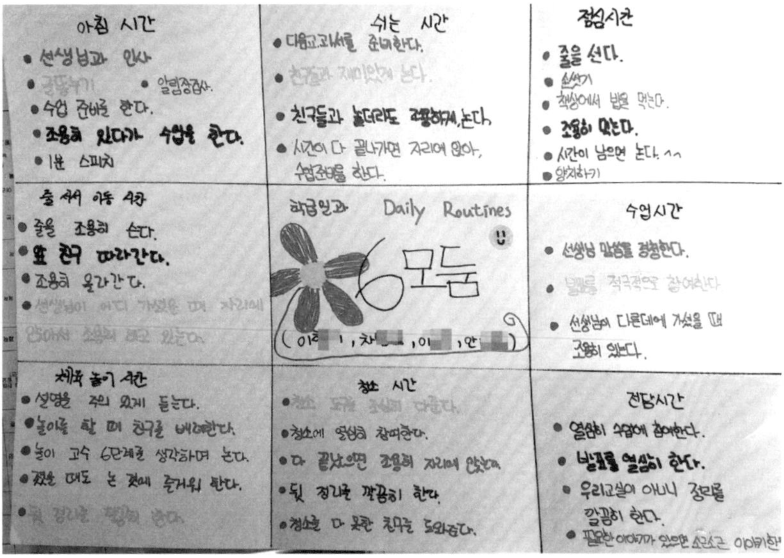

역할극, 발표 등을 하고 이것을 주기적으로 보면서 자신의 행동을 객관적으로 보기 위해 훈련한다. 아이들에게 삶을 스스로 다져갈 수 있도록 훈련하였고 결국 하루 7가지의 우리 반의 루틴이 형성되었다.

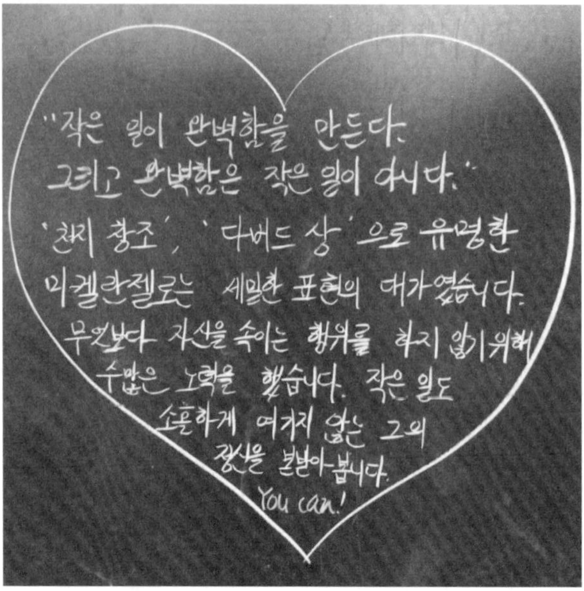

하나. 칠판 아침편지의 힘

아이들은 아침에 오면 교사인 나와 인사를 하고 칠판에 있는 선생님의 편지를 읽으면서 하루를 시작한다. 아침에 힘이 되는 긍정의 말을 통해 아이들에게도, 나에게도 선한 에너지를 공급하기 위함이다. 2017년부터 시작된 것이 어느덧 핵심 습관이 되어 아침에 와서 칠판편지가 없으면 무언가 허전해지는 요즘이다.

아이들과 수업 시작 전 이 문구를 읽고, 짧은 이야기를 통해 하루를 시작할 수 있어서 좋았다. 나중에는 명언 부분만 필사하고 자신의 짧은 느낌도 기록하면서 생각 근육을 형성해나가기도 했다. 함께 하는 교실 속 누군가에게는 이 문구가 도움될 수 있기에 교직에 있는 동안 계속해서 갖고 가고 싶은 학급의 습관이다. 이 좋은 것 함께 나누기 위해 영상으로 만들어서 함께 나누기도 했다.

칠판 아침 편지의 힘

둘. 아이비 리 6가지 법칙

조신영 〈성공하는 한국인의 7가지 습관〉, 잭 캔필드 〈영혼을 위한 닭고기 수프 1〉, 김태광 〈출근 전 2시간〉 등 다양한 저서에서 만난 아이비 리에 관한 이야기를 통해 아이들이 아침에 와서 아이비 리 6가지 법칙을 할 수 있도록 습관화를 하고 있다.

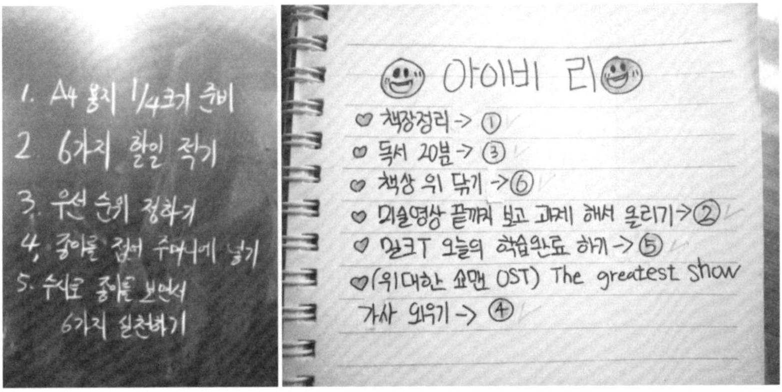

1. A4 용지 1/4 크기를 준비
2. 상단에 날짜 이름을 적고 6가지 할 일 적기
3. 다시 한번 보면서 우선순위를 정하고 순서 나타내기
4. 종이를 접어 주머니에 넣기
5. 수시로 종이를 보면서 6가지를 실천하려고 노력하기

주머니에 넣고 보는 아이, 필통에 넣고 보는 아이, 핸드폰 케이스에 넣고 보는 아이 등 자신만의 다양한 버전으로 우선순위를 살아가는 습관을 만들어가고 있다. 이것을 버리지 말고 모아가면서 자기 삶의 근육을 눈으로 직접 목격해보라고 하니 몇몇 친구들은 이것이 보물이라도 되는 듯 지금까지 모으고 있다. 생각해보면 보물이 될 수 있는 삶의 습관이다. 이것을 초등학교 시절부터 꾸준히 한다면 자기 주도적 학습을 넘어 자기 주도적 삶을 살아갈 수 있다고 여겨진다. 죽을 때까지 갖고 가고 싶은 습관이다.

아이비 리 6가지 법칙

셋. 모닝 페이지 / 마음의 두 줄 쓰기

새 학년이 시작되면 아이들을 처음으로 맞이하게 된다. 내 학창시절 경험상 그 첫날은 정말 가슴이 조마조마했던 기억뿐이다. 지금 아이들도 아마 그런 마음이지 않을까? 설렘과 두려움이 공존하는 미묘한 감정 속에 있을 것이다. 그래서 자신의 자리를 알려주면 긴장된 마음이 한결 풀어질 것 같았다. 이를 위해서 책상 위에 자신의 이름이 적힌 노트를 놓아두었다. 자신의 자리가 여기가 맞음을 알려주는 것이니까 말이다. 이 노트의 이름을 줄리아 카메론의 〈아티스트 웨이〉에서 알게 된 〈모닝 페이지〉라고 칭했다.

지금도 아침에 와서 자신의 현재 마음 상태를 대변하는 마음의 두 줄

쓰기와 더불어 요일별로 다양하게 활용하고 있다. 다양하게 활용하고 있다. 우리 반은 이렇게 활용한다.

월 – 이번 주 목표
화 – 주제 글쓰기
수 – 수요 시식회(시 베껴쓰기)
목 – 오 감사 훈련
금 – 이번 주 반성

모닝페이지
요일별 지도법

넷. 하루 10분 독서습관 만들기

매일 아이들과 하루 10분이라도 책을 읽고 있다. 스마트폰의 발달로 인해 영상과 친해지고, 책과 더 멀어지는 요즘 글의 기쁨을 조금이나마 함께 공유하기 위함이다. 솔직히 어른도 10분을 읽지 않는 사람이 태반이지만…. 책과 함께 노니는 즐거움을 느끼게 해주고 싶다. 책의 느낌을 1년간 지속해서 노출하는 것이 주목표 중 하나이며 나를 위해서, 우리 친구들을 위해서 꾸준히 하는 하루 루틴이다.

이 시간에 함께 읽으니 책을 덮고 나눌 이야기도 풍성해진다. 월요일 1교시는 도서관에서 마음껏 책을 읽는 시간을 갖기도 한다. 월요병을 독서로 이겨내어 한 주간을 풍성하게 하기 위함이다. 하루 10분을 투자하는 것만으로도 많은 것을 얻을 수 있다. 꾸준히 해보면 안다. 10분 독서는 삶을 풍요롭게 하는 아주 좋은 시간이 된다. 한 친구의 고백이 이를 증명한다.

"선생님, 10분 독서를 하니 마음이 편안해지는 것 같아요. 꾸준히 했으면 좋겠어요."

하루 10분
독서의 힘

다섯. 오늘의 밥 친구

급식하는 날부터 번호대로 교사인 나와 1대 1로 식사를 한다. 식사하면서 다양한 질문을 통해 아이들의 삶을 들여다보게 된다. 나도 질문을 받기도 하니 서로 핑퐁 질문을 하게 된다. 주로 이런 질문을 한다.

- 학급 만족도는 1~10점까지 몇 점 줄 수 있니?
- 요즘 관심 분야는 어떤 것이니?
- 가장 이야기를 잘 들어주는 친구는 누굴까?
- 최근에 고민 있니?

등 다양한 이야기를 하곤 한다. 이야기하다가 함께 운 경험이 있을 정도로 아이들과의 유대 형성에 큰 도움이 되는 하루 루틴 중 하나다. 매일 친구들과 사진을 찍기도 하니 더 친근해지는 순간이다. 1년 중 함께 하는 190일, 각각 6번씩 만남이 이뤄진다. 이 시간을 기다리는 친구(학부모)도 있을 정도로 어느덧 학급살이의 소중한 시간이 되었다.

여섯. 5분 청소법

독서를 매개로 자기혁신 수업 혁신을 함께 모색하는 교사 독서 모임〈리딩으로 리드하라〉 선생님들과 함께 쓴 공저 〈선생님, 마음이 온도〉에도 제시했던 '5분 청소법'이다. 우연히 이준수 선생님께서 유튜브에 올려놓으신 5분 청소 영상을 보게 되었고 이것과 더불어 오후 수업 시작 전 5분 전 영상을 틀어놓고 함께 정리정돈을 하면 좋겠다고 생각하고, 즉각 실천했다. 마침 마쓰다 미쓰히로의 〈청소력〉도 읽으면서, 정리의 힘이 주는 긍정적인 영향을 함께 나눴다. 하루 1,440분 중에서 딱 5분 동안 청소를 하는 습관만 들여도 주위가, 무엇보다 나 자신이 깨끗해지는 느낌을 받을 수 있게 되니 매우 좋은 루틴이다.

온라인 수업으로 가정에서도 5분 청소를 할 수 있도록 아이들과 영상을 만들어 제공하기도 했다.

5분 청소법

일곱. 밀알 이야기

지난 2016년 2월 2일부터 시작된 밀알 이야기. 그때부터 나의 교육 철학은 조금씩 정립돼갔음은 두말하면 잔소리다. 아이들의 일상을 기록한 덕분에 지금 이렇게 평생 일상을 기록하는 기록쟁이가 되어가고 있다.

누구에게나 있는 일상의 모습. 나의 일상의 소중함이 느껴지니 아이들의 삶도 보이기 시작했다. 나는 이것을 사진과 글로 남기고 싶었다. 마음이 강해지니 저절로 교단일지가 작성이 되었다. 칠판 아침편지부터 아이들이 하교하기까지 모든 일상(수업, 학급 살이 등)을 기록하니 기록의 힘도 느끼고, 습관도 되고, 더 나아가 글쓰기를 잡기까지 좋은 것들이 많았다.

지난 10여 년 동안에는 교육이 쉽지 않았는데 아이들과 함께하는 하루 루틴을 꾸준히 실천하니 이제 교육이 무엇인지 조금씩 보이기 시작한다. 아직도 갈 길이 멀다는 것을 안다. 그래서 더 책을 보고, 사람을 만나며 함께 성장을 위해 한 걸음씩 내디디고 있다.

칠판 아침편지, 아이비 리 6가지 법칙, 모닝 페이지, 하루 10분 독서 습관 만들기, 오늘의 밥 친구, 5분 청소, 밀알 이야기 등 어느 것 하나 놓치고 싶지 않은 우리 반 하루 루틴이다.

아이들의 삶에는 사소한 것이 하나도 없으므로 교직이 쉽지 않다. 그러나 함께 성장할 수 있는 하루 루틴을 확고히 다진다면 학급은 쉽게 흔들리지 않고 함께 무럭무럭 성장할 수 있다고 확신한다.

한 선수의 성장력 '야유' : 비난에 대처하는 8가지 방법

'나는 강한 경쟁자가 좋다. 그들은 나에게 최선을 다하라고 강요한다. 그들의 팬은 나에게 야유를 보내겠지만 나는 그 야유를 내 능력 향상에 사용한다.' 승부사의 기질을 가진 한 유명한 축구선수가 한 말이다. 도전하는 그의 삶을 보면 본받을 점이 많다. 이 말을 통해 성장하는 사람의 특징 중 하나인 비난에 대처하는 자세를 배운다. 야유를 퍼붓는 다른 팀의 팬에게 비난으로 대처하는 것이 아닌 자신의 능력을 향상하게 하는 에너지로 쓰는 선수. 비난을 이겨내는 실력은 야유를 찬사로 바뀌게 하는 놀라운 능력이 있다.

인간관계의 대가 데일 카네기는 '비난에 맞서기보다는 피하라'고 조언을 한다. 그는 야유 팬들과 맞서기보다는 피하는 전략으로 쓸데없는 소모전을 선택하지 않은 것이다. 살아가면서 알게 된 것 중 하나는 '나'라는 사람이 모든 사람을 만족하게 할 수 없다는 것이다. 무엇을 하든지 안티는 존재한다. 문득 이런 생각이 들었다. '부정적인 영향을 주는 메시지에 집중하기보다는 긍정적인 에너지에 집중하자. 다만 건설적인 비난에는 마음을 열어 수용하자.' 블로그를 하게 된 것, 짧은 생각을 글로

써 나누게 된 것도 건전한 자아를 형성하기 위함이었다. 부정적인 비난에 집중하기보다는 누군가 한 명에게 영향을 줄 수 있겠다고 생각하니 글 쓰는 행위가 편하게 다가왔다.

> 일단은 세상 모두가 나를 좋아할 수는 없다는 점부터 인정하자. 비난 없이 사랑만 받는 사람은 없다. 내가 어떤 일을 하든 나를 비난하는 사람은 있게 마련이다. 이 사실을 인정하면 마음의 조금은 편안해질 것이다. 1인 크리에이터는 일반인보다 비난받기도 쉽지만, 그만큼 사랑받기도 쉽다. 나를 응원하는 시청자가 더 많다는 사실을 잊지 말고, 묵묵히 나아가자. 그게 악성 댓글에 대처하는 가장 좋은 방법이다.
>
> – 대도서관 〈유튜브의 신〉 중에서

유튜버 대도서관이 핵심을 잘 표현했다. 자신의 목소리에 더 집중할 수 있는 용기가 생기는 이유다. 누군가의 비난을 받을수록 나는 이런 생각을 하곤 한다. '저 야유도 나에 관한 관심이 없다면 할 수 없는 행위지.' 야유 또한 자신의 관심으로 승화시킨다.(감사하게도 그렇게 내 삶에 비난하는 사람들은 많지 않고, 오히려 응원과 격려해주는 많은 분께 감사하다) 책을 읽고 사람을 만나다 보니 관계의 고수들은 비난을 쉽게 승화시킨다는 것을 발견했다.

비난에 대처하는 8가지 방법 간단히 정리해보자면 이렇다.

하나, 부정적인 마음에 사인하지 않기

둘, 4그 법칙(그러거나 말거나, 그럴 수도 있지, 그럼에도 불구하고,

그래서 어쩌라고)

셋, 링컨이 원수를 친구로 만드는 방법

넷, 데일 카네기의 경청

다섯, 3/5/2 관계 시스템

여섯, 혜민 스님의 '반사' 마인드

일곱, 피곤이 하는 말

여덟, 마음의 눈 감기

하나. 부정적인 마음에 사인하지 않기

앨리노어 루스벨트가 말한 '당신의 동의 없이는 그 누구도 당신에게 열등감을 안겨줄 수 없다.'와 같이 부정적인 마음에 내가 사인하지 않으면 그만이다. 이럴 때는 철저히 3인칭 관찰자 시점을 활용한다. 한 발짝 떨어져서 나를 바라보는 것이다.

'지금 누군가가 나를 미워하는 마음을 갖고 있구나!' 그러곤 넘어간다. 왜 나를 미워하느냐부터 구구절절 이야기하다 보면 변명하는 나를 보게 된다. 물론 중대하든 사소하든 오해는 풀고 가면 좋으련만 그것은 대화가 되는 사람만 되는 것이고, 대화가 되지 않으면 그냥 지나친다. 사람을 보는 관점 차이이지 둘 다 옳다고 생각한다. 결국, 매사 부정적인 감정에 얽매이다 보면 다른 긍정적인 감정에 즉각 반응하지 못한다. 감정도 선택과 집중의 원리가 존재한다는 사실을 알게 되었다.

둘. 4그 법칙(그러거나 말거나, 그럴 수도 있지, 그럼에도 불구하고, 그래서 어쩌라고)

이것은 내가 좋아하는 법칙 중 하나다.

누가 나에 관해 이야기해도 '그러거나 말거나' 넘기는 것.

– 수상한 삼 형제 오보희의 명대사 중에서

누가 나에 관해 이야기해도 상대방의 관점에서 충분히 '그럴 수도 있지'라고 넘기는 것.

– 은지성 〈생각대로 살지 않으면 사는 대로 생각하게 된다 3〉 중에서

누가 나에 관해 이야기해도 '그럼에도 불구하고' 나는 그렇게 하지 않고 넘기는 것.

– 존 고든 〈에너지 버스 2〉 중에서

누가 나에 관해 이야기해도 '그래서 어쩌라고' 훅훅 털고 넘기는 것.

– 혜민 스님 〈완벽하지 않은 것들에 대한 사랑〉 중에서

이런 마음으로 상황에 대처하면 크게 싸울 일도 없고 어느 순간 부정적인 감정은 바람처럼 스쳐 지나가게 된다. 솔직히 대부분 사람은 타인에게 크게 관심이 없다. 사람들은 나에게 관심이 없다는 것을 알게 된 순간부터 크게 중요하지 않은 것들은 그냥 무시하고 꿋꿋하게 내 갈 길을 간다.

셋. 링컨의 원수를 친구로 만드는 방법

가슴에 늘 새기고 있는 말씀 중 하나다. 전광 목사의 〈백악관을 기도실로 만든 대통령 링컨〉에서 발견한 링컨의 명언이다. '원수를 없애는 가장 좋은 방법은 원수를 친구로 만드는 것이다.' 링컨은 이 방법을 활용해 자신을 경멸하고 모욕감을 줬던 수많은 사람으로부터 존경을 끌어낸다. 스탠턴이 대표적인 예시라고 볼 수 있다. 변호사 시절 그렇게 자신을 헐뜯고 비난한 사람을 링컨은 대통령이 되어서 다른 사람들의 반대에도 무릅쓰고 능력에 따라 그를 주요 요직에 앉히는 등 악을 선으로 갚았다. 그리고 링컨이 죽었을 때 그 누구보다 슬피 운 사람이 바로 스탠턴이다. "역사상 가장 위대한 성인이 이곳에 잠들었다." 하면서 침통해 했다고 한다. 링컨은 1+1을 아는 사람이었다. 원수로 남으면 −1인데 친구가 되니 +1이 되어 관계의 2라는 차이를 만들어내었다. 정말 귀한 법칙이다.

넷. 데일 카네기의 경청

데일 카네기는 이렇게 관계에 대하여 조언한다.

"진심으로 경청하는 태도는 우리가 다른 사람에게 보일 수 있는 최고의 찬사 가운데 하나이다. 자신의 이야기를 열중해서 들어 주는 은근한 찬사에 저항하는 사람은 없다. 성공적인 사업상의 상담에는 비결 따위는 존재하지 않는다. 상대방의 이야기에 주의력을 집중하는 것이 매우 중요하다. 어떠한 찬사도 이만한 효과는 없다. 항상 다른 사람으로 하여

금 자신이 중요하다는 느낌이 들게 하라. 사람들에게 그들 자신에 관한 이야기를 해라. 그러면 그들은 몇 시간이고 귀를 기울일 것이다."

자신에 대한 부정적인 이야기를 하는 친구가 있다면 역으로 공격하지 말고 오히려 그의 이야기를 들어주면 된다. 그 누구보다 최고의 경청가가 되자. 그러면 어느 순간 자신을 좋아하게 되는 놀라운 관계의 역발상을 경험하게 될 것이다.

중학교 2학년 때 나를 이유 없이 싫어하는 친구가 있었다. 따지고 싶었지만 그러고 싶지 않았다. 물론 몇 마디는 해봤지만, 당시 친구의 기분에 그 말이 들어오지 않았기에 언젠가는 오해가 풀리겠지 하면서 지나갔다. 나는 내성적인 아이였던 터라 자동으로 듣는 귀가 발달해 있었다. 어느 친구가 이야기하든지 나는 잘 들어줬고 가끔 추임새도 넣었다. 그 친구가 이야기할 때도 마찬가지였다. 그러던 어느 날부턴가 친구는 나를 칭찬했고 심지어는 "진수 정말 멋진 친구야"라고 치켜세우기까지 했다. 당시에는 몰랐다. 경청의 힘이 이렇게 큰지. 그냥 오해가 풀려서 다행이다 정도로 넘겼던 일화였는데 돌이켜보니 관계의 엉킨 줄을 풀어준 것은 경청이었다.

경청의 미덕은 링컨의 원수를 없애는 방법에 큰 핵심을 차지한다. 누군가 자신을 미워하는 친구가 있다면 그 누구보다 경청자가 되어 보길 바란다. 상대방의 태도는 분명히 바뀌게 되어있다.

다섯. 3/5/2 관계 시스템

'10명 중 3명은 나를 좋아할 것이고 5명은 그럭저럭, 2명은 나를 싫어할 것이다.' 이런 마음으로 살아가니 공동체 안에서 나를 싫어하는 사람이 눈에 띄어도 대수롭지 않게 넘긴다. '왜 나를 싫어하지? 내가 뭐 잘못했나?' 이런 부정적인 에너지에 집중하기보다는 좀 더 나은 가치 있는 에너지에 내 힘을 쏟는다.

간혹 부정적인 것에 집중해서 일상의 흐름이 깨진 사람을 만나곤 하는데 안타까운 마음이 든다. 위와 같은 마음으로 대처하면 그냥 패스(Pass)하면 그만이다. 링컨 대통령도 안티가 있었고, 우리가 알고 있는 위인, 성공자, 작가, 연예인, 심지어는 예수님조차 반대세력을 갖고 있었다. 나의 반대세력이 반드시 '없다'라고 말할 수 없는 이유다. 100% 모든 사람이 나를 좋아하게끔 억지로 만들려고 노력하지 않는다. 그냥 그런 관계의 논리를 이해하고 살아간다. 분명히 어디를 가나 안티는 존재한다.

나도 교육을 할 때 학급 30명의 아이 모두에게 절대적인 존경을 받는다고 생각하지 않고 몇 명은 나에 대해 불만을 품을 수 있다고 여긴다. 다만 마음을 다해 사랑과 관심을 쏟는다. 아이들의 부정적인 행동 하나하나에 크게 연연하지 않고, '오늘 친구가 아침에 힘든 일이 있었나 보군.' 하면서 감정적으로 대하지 않으려고 노력한다. 이지성 작가의 〈빨간약〉에서 잡은 한 줄은 이런 나에게 감정의 끈보다는 이성의 끈을 잡을 힘과 용기가 되었다. '아이들에게 영향을 받기보다는 영향을 주는 사람이 돼라.'

여섯. 혜민 스님의 반사 마인드

> 불행한 사람이란? 자기 눈에 남의 잘못들만 보이는 사람 다른 사람에 관해 하는 이야기를 가만히 들어보면 결국 말하는 본인이 어떤 사람인가를 더 드러내는 경우가 많아요. 왜냐하면 다른 사람의 다양한 면 가운데 내 마음에 딱 걸리는 부분을 이야기하기 때문입니다.
>
> 한 번도 만나본 적 없는 나에 대해 이럴 거다, 저럴 거다, 혼자 상상의 나래를 펼친 후 쉽게 말 만드는 사람을 보면 짧게 한마디 하세요.
>
> "반사!!"
>
> – 혜민 스님 〈완벽하지 않은 것들에 대한 사랑〉 중에서

학창시절에는 '반사' 놀이를 많이 했다. 그저 무언가 돌아오는 것이 있다면 무조건 반사하면서 순간 상대방을 당황하게 하기도 하고, 때로는 서로 마주 보며 "반사–반사–반사"하는 등 심지어는 감정이 격해져 싸우는 일도 있는 아련한 기억이 난다. 이 '반사'만 잘 훈련이 돼도 그리 마음은 힘들지 않을 것이라 확신한다.

일곱. 피곤이 하는 말, 가만히 두기

> 상대가 피곤할 때 하는 말은 피곤이 하는 말이지 상대의 진심이 하는 말이 아니에요
>
> 중요한 대화는 잠 푹 자고 다음 날에 해도 절대로 늦지 않습니다.

> 피곤할 땐, 말 대신 따뜻한 물 한 컵 따라주고, 그 사람 그냥 가만히 두세요. 사람의 표현 중의 하나는 상대를 그냥 좀 가만히 내버려두는 것입니다.
>
> – 혜민 스님 〈완벽하지 않은 것들에 대한 사랑〉 중에서

사람은 피곤할 때 신경이 날카로워지기에 톡 쏘게 되어있다. 아마 이것은 위인들도 제대로 지키기 쉽지 않았을 것이다. '학문에 대해서라면 아마도 내가 남보다 못하지 않겠지만, 군자의 도리를 몸소 실천하는 것은 내가 아직 이루지 못했다.' '저는 남이 저에게 하기를 바라지 않는 일을, 저 또한 남에게 하지 않으려고 합니다. 사야, 그것은 네가 해낼 수 있는 일이 아니다.' 4대 성인 중 한 명인 공자 역시 이런 부분을 실천하기 쉽지 않다고 고백한다. 때로는 짜증도 내기도 하고, 화도 내기도 하지 않았을까.

'피곤'이라는 친구는 정말 무섭다. 사람을 변하게 한다. 나도 저녁마다 신경이 날카로워질 때가 많았다. 새벽에 일어나서 중간에 쉼 없이 일하고 퇴근하여 아이들과 놀아줄 때, 활동적인 것을 하면 그나마 괜찮은데 앉아서 책 읽어줄 때 글자가 서서히 두 개로 보인다. 피곤이 막 몰려오기 시작한다. 반성해보면 이럴 때 아이들에게 짜증 섞인 말투를 많이 하게 된다. 피곤함에 대해 나는 두 가지 경우의 수를 두고 실시한다. 하나는 '상대방이 지금 피곤한 것이다'라는 생각과 둘은 '내가 지금 피곤한 것이다'라는 생각 그 두 가지를 적절히 조화시키니 크게 싸울 일이 없어진다. 슬쩍 자신만의 쉴 시간을 주는 것이 필요하다. 피곤이 몰려오면

10분간 짬을 내서라도 떨쳐내야 일 또는 관계도 원활하게 흘러간다.

기계에서 간혹 '삐걱'하는 소리는 인간관계에서 봤을 때 피곤이 내는 소리와 같다. 이것을 해결하는 방법은 기름칠해주는 것과 같다. 그것이 바로 '쉼'인 것이다. 피곤을 짊어지고 가기보다는 잠깐이라고 쉼을 선택함으로써 긍정에너지를 더욱 발산할 수 있다. 상대방이 갑자기 나에게 톡 쏘는 말을 한다면 '이건 피곤이 하는 이야기야'라며 자신을 다독거려주고, 자신이 상대방에게 좋지 않은 감정이 섞인 말을 하고 싶을 때 '이건 피곤이 하는 이야기군, 피곤 멈춰'라고 외치면 편하다.

학기 초에 아이들과 STC 버튼 만들기, 상황극을 실시한다.

S – Stop (멈춰)

T – Think (생각해)

C – Choose (좋은 것을 선택해)

피곤이 몰려올 때 마음속 STC 버튼을 누른다. 잠시 멈추고, 생각하며, 좋은 것을 선택하면 부정적인 감정은 조금씩 자신에게서 멀어질 것이다.

여덟. 마음의 눈 감기

> 세상 모든 사람을 사랑할 수는 없습니다. 마찬가지로, 모든 사람에게 사랑받으며 살 수는 없습니다. 살다 보면 그냥 보기 싫은 사람도 만나게 됩니다.
>
> 많은 분이 말합니다. 싫은 사람이 있는데 자꾸 거슬리네요.
>
> 제 대답은 간단합니다. 싫으면 안 보면 됩니다. 이때 '안 보면 된다'는 말의 의미는 '사람'을 보지 말라는 게 아니라, 싫어하는 그 '마음'을 보지 말라는 의미입니다.
>
> – 김종원 〈생각 공부의 힘〉 중에서

부정적인 영향이 올 때 부정적인 것으로 받아들이고 대처를 하면 나 또한 더욱 부정적인 사람으로 변하게 된다. 이렇게 생각한다. '나는 깨끗한 물이다. 이때 부정적인 검은 잉크 한 방울이 나에게 왔을 경우 내가 받아들이면 그 한 방울로 인해 금세 나는 검게 변한다. 즉, 부정적인 것에 영향을 받기는 매우 쉽다. 하지만 그렇다고 포기할 수 없다. 다시 깨끗한 물로 변화하면 되기 때문에 다만 이미 더러워진 물을 깨끗하게 만들기는 쉽지 않다. 단 하나의 방법이 있다. 깨끗한 물을 계속 공급하는 것이다. 그러다 보면 어느 순간 변곡점이 생겨 부정적인 것은 이제 사라지게 되었고 깨끗한 물만 남게 된다. 나는 오늘도 부정적인 것보다는 긍정적인 것에 물들이는 삶을 살아갈 것이다.'

주변에 보면 관계에 힘들어하는 사람들을 많이 만나게 된다. 이 글을 쓰고 있는 시점에도 이런 사람을 만났다. 상대방의 말 한마디에 계속 곱씹어 부정적인 것으로 스스로 몰고 가는 경향. 상대방의 의도를 묻기보다는 그저 자신 본인의 생각으로 모든 것들을 '그랬을 거야'라며 쉽게 판단하고 쉽게 아파하는 모습.

상대방의 부정적인 것, 말이나 행동이 나에게 올 때는 마음의 눈을 감는 것이다. 상대방에게서 오는 스트레스도 받지 않고 자신도 부정적인 것에 물들이지 않을 수 있는 장점이 있다.

중요한 것은 이러한 것들로부터 지향해야 할 곳은 바로 가슴 깊은 사랑이라는 점이다.

머리와 입으로 하는 사랑에는 향기가 없다. 진정한 사랑은 이해, 관용, 포용, 동화, 자기를 낮춤이 선행된다. 나는 사랑이 머리에서 가슴으로 내려오는 데 70년이 걸렸다.

– 김수환 추기경

사랑을 실천하는 자는 상대방의 비난을 기회로 여겨 더욱 사랑을 공급하는 능력이 있다. 진정한 사랑 실천꾼들이다. 가히 최고의 능력이란 생각이 든다. 상대방을 싫어하는 마음의 눈은 철저하게 감고, 사랑의 눈을 뜨자. 결국, 사랑은 비난을 사랑으로 되돌려 줄 것이다.

어느 날 강연을 마치고 돌아오는 길 어머니께서 일하시는 식당에 간 적이 있다. 그곳에서 맛있는 갈비탕 한 그릇을 먹으니 그 어떤 맛보다 진한 맛이 느껴진다. 식당이 워낙 바빠서 마주 앉아 차 한잔할 수 없었지만, 그보다 제일 중요한 어머님의 등을 볼 수 있었다.

"아이는 부모의 등을 보고 자란다."

자녀가 태어나고 나서야 육아지침서를 읽게 되었다. 수많은 육아지침서를 읽으면서 나에게 강력하게 다가온 한 문장을 표현하면 바로 위의 한 줄이다.

지난 어린 시절이 떠올랐다. 어려운 가정환경 속에서 자라다 보니 혼자 있는 시간이 많았다. 그래도 그때는 나만 그런 것이 아니라 주변에 친구들도 마찬가지였기에 함께 즐기며 놀 수 있었던 풍경이었다. 정말 열심히 놀았다. 가정이 어렵다고 느끼지 못할 정도로 신나게 놀았다.

그 이면에는 힘겨움을 이겨내기 위해 누구보다 노력해주신 어머님의 노고가 있었다는 것을 좀 더 크고 나서야 알게 되었다. 누구보다 정말 열심히 사신 분이셨고, 힘겨운 고초를 혼자서 이겨내시기까지 했으니…. 그런 어머님의 등을 보고 자라니 사춘기가 올 틈이 없었다. '어머니께서 저렇게 노력하며 사시는데 나도 열심히 해보자.' 그런 마음으로 불안한 마음으로 다잡고 한살 한살 먹었던 기억이 난다. 오랜만에 어머니께서 일하시는 곳에 와서 '등'을 보니 '다 어머니 덕분입니다'라는 고백이 나온다.

"사랑하는 어머니♥ 어머니께서 보여주신 삶을 대하는 태도 덕분에 저도 열심히 하루하루 살아가고 있습니다. 진심으로 감사합니다. 저에게 주신 귀한 선물! 저도 제 자녀에게 멋진 등을 보여줄 수 있도록 최선을 다해 노력하겠습니다. 감사합니다. 사랑합니다!"

지금 나는 일상에서 해답을 찾고 있다. 일상 모든 것들이 나를 일깨워주는 스승이 된다. 삶의 방향도 일상 속에서 찾고, 질문에 대한 해답도 일상가운에 모두 존재한다. 글을 쓰니 더욱 확신하게 되었다. 걷다가 잠시 멈춰 선다. 떠오른 생각이 있다. 그 생각을 잡기 위해 벤치 위에 앉아 나는 오늘도 글을 쓴다. 평범한 일상은 이렇게 글이 된다.

이 책이 나오기까지 수고해준 모든 이들에게 감사의 말을 전하고 싶다. 부족한 원고를 가독성 좋게 편집해주고, 세상에서 하나뿐인 책으로 만들어 준 도서출판 밥북 주계수 대표님, 코로나 19로 인해 어려운 실정에도 불구하고 최선을 다해 함께 성장하는 밀알반 16기 친구들(효정, 은서, 도연, 시온, 지민, 하은, 주원, 혜린, 소연, 소윤, 유진, 은성, 예원, 장린, 장휘, 혜성, 용호, 한결, 정훈, 호진, 일국, 현석, 승호, 정우, 승명, 현준), 아이들의 행복한 교육을 위해 함께 고민하는 동학년 노가형 선생님, 본교 선생님과 학생, 학부모님의 눈과 귀가 되어서 배려의 미덕을 솔선수범하여 몸소 실천해주시는 여명현 교장 선생님과 김영아 교감 선생님께 깊은 감사를 드린다.

2015년 글쓰기라는 세계를 인도해준 멘토 김성현 선생님, 자기 성장이 곧, 교실의 성장임을 믿고 함께 책을 읽고, 글을 쓰며 나누는 〈리딩으로 리드하라〉, 〈로고독서교육연구회〉 선생님, 다양한 글과 책, 삶을 통해 많은 것들을 아낌없이 나눠주는 수많은 책과 인연들, 하나님이 맺어준 인연으로 귀한 사랑을 함께 나누고 있는 소중한 가족인 아내 정선애, 사랑이 풍부한 자녀 하온이, 시온이에게 감사 인사를 전한다.

또한, 지나온 삶의 고난을 글로써 승화시킬 수 있도록 연단시켜준 하나님께 깊은 감사를 드린다. 동시에 빼놓을 수 없는 인물, 여기까지 잘 살아준 나 자신에게도 박수를 보내고 싶다.

평범한 일상은
어떻게 글이 되는가

펴낸날 2020년 7월 22일

지은이 김진수
펴낸이 주계수 | **편집책임** 이슬기 | **꾸민이** 전은정

펴낸곳 밥북 | **출판등록** 제 2014-000085 호
주소 서울시 마포구 양화로 59 화승리버스텔 303호
전화 02-6925-0370 | **팩스** 02-6925-0380
홈페이지 www.bobbook.co.kr | **이메일** bobbook@hanmail.net

ISBN 979-11-5858-681-2 (03190)

※ 이 도서의 국립중앙도서관 출판시도서목록(CIP)은 e-CIP 홈페이지(http://www.nl.go.kr/cip)에서 이용하실 수 있습니다. (CIP 2020029099)